AF206340

Impressum
Verlag: BABADADA GmbH, Nedderfeld 112 , 22529 Hamburg
Geschäftsführer / Verlagsleitung: Harald Hof
Druck: Books on Demand GmbH, In de Tarpen 42, 22848 Norderstedt

Imprint
Publisher: BABADADA GmbH, Nedderfeld 112 , 22529 Hamburg, Germany
Managing Director / Publishing direction: Harald Hof
Print: Books on Demand GmbH, In de Tarpen 42, 22848 Norderstedt, Germany

škola

ቤት-ትምህርቲ

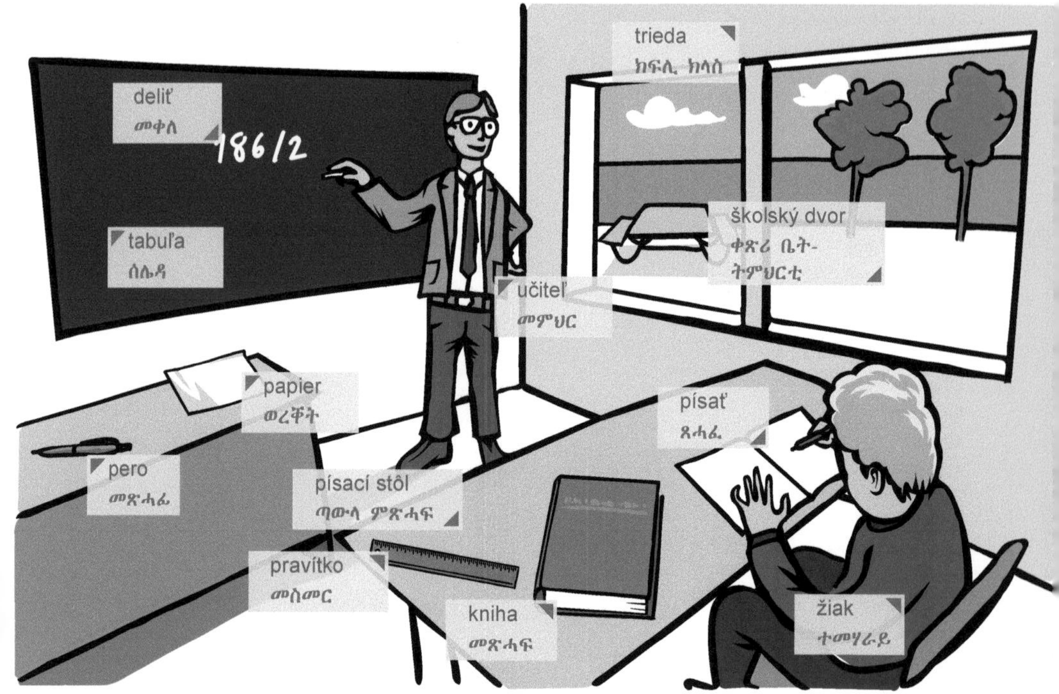
trieda
ክፍሊ ክላስ
deliť
መቀለ
186/2
tabuľa
ሰሌዳ
učiteľ
መምህር
školský dvor
ቀጽሪ ቤት-ትምህርቲ
papier
ወረቐት
písať
ጸሓፈ
pero
መጽሓፊ
písací stôl
ጣውላ ምጽሓፍ
pravítko
መስመር
kniha
መጽሓፍ
žiak
ተመሃራይ

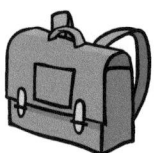

školská taška

ሳንጣ ትምህርቲ

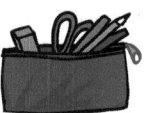

peračník

ሰፈር ብርዒ

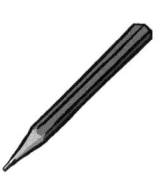

ceruza

ርሳስ

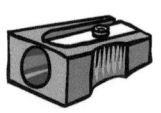

strúhadlo na ceruzky

መብልሒ ርሳስ

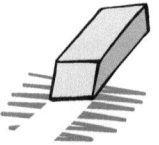

guma

መደምሰሲ

skicár

ጥራዝ ስእሊ

kresba

ስእሊ

štetec

ብሩሽ ቀለም

vodové farby

ቦክስ ቀለም

nožnice

መቐስ

lepidlo

መጣበቒ

cvičný zošit

ጥራዝ መላመዲ

domáca úloha

ዕዮ ገዛ

12

číslo

ቁጽሪ

2+2

sčítať

ወሰኽ

5-2

odčítať

ጎደለ

2×2

násobiť

ረብሓ

počítať

ደመረ

A

písmeno

ፊደል

ABCDEFG
HIJKLMN
OPQRSTU
VWXYZ

abeceda

ስርዓት ፊደላት

slovo

ቃል

text

ጽሑፍ

čítať

አንበበ

krieda

ኩርሽ

hodina

ሰዓት

triedna kniha

መዝገብ ክላስ

skúška

መርመራ

certifikát

ሰርቲፊከት

školská uniforma

ድቢዛ ቤት-ትምህርቲ

vzdelanie

ትምህርቲ

encyklopédia

ለክሲኮን

univerzita

ዩኒቨርሲቲ

mikroskop

ሚክሮስኮፕ

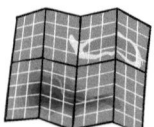

mapa

ካርታ

kôš na papier

ጎሓፍ ወረቓት

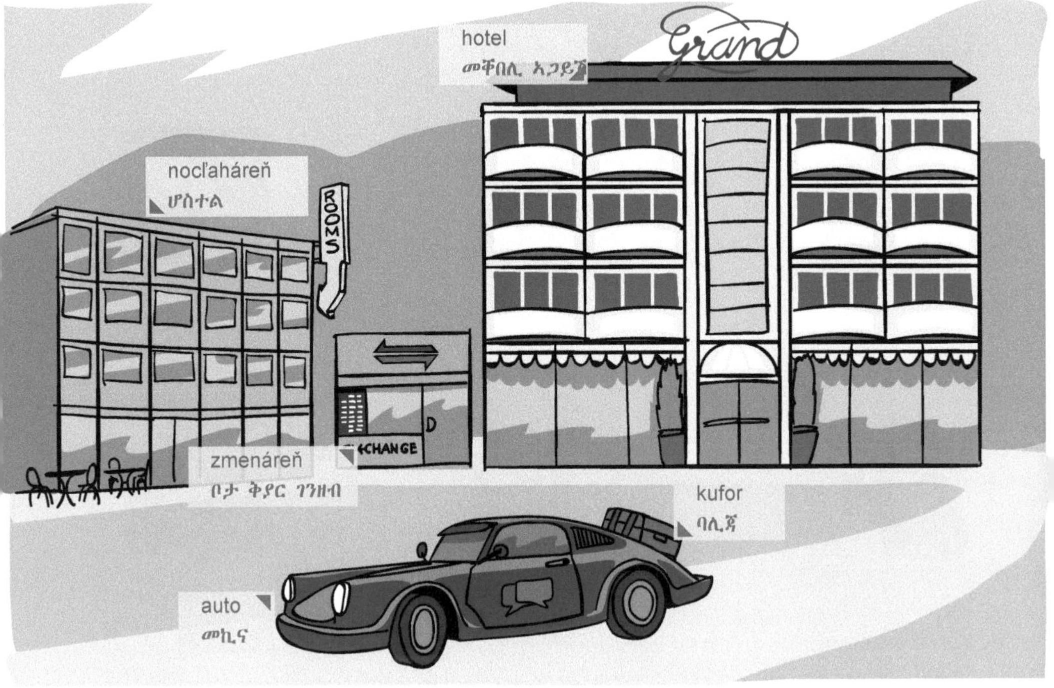

hotel
መቐበሊ ኣጋይሽ
Grand
nocľaháreň
ሆስተል
ROOMS
zmenáreň
ቦታ ቅያር ገንዘብ
kufor
ባሊጃ
auto
መኪና

jazyk

ቋንቋ

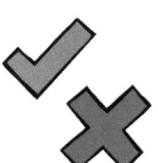

áno/nie

እወ / ኖ

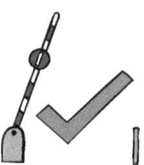

v poriadku

ሕራይ

ahoj

ሰላም

prekladateľ

ኣስተርጓሚ

ďakujem

የቐንየለይ

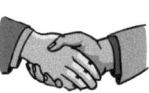

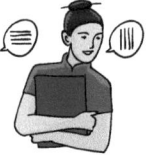

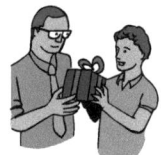

Koľko stojí ... ?

. . . ክንደይ ዋግኡ?

Nerozumiem

ኣይተረደኣኹን

problém

ሽግር

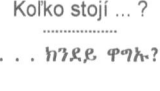

Dobrý večer!

ሰላም ምሸት!

Dobré ráno!

ከመይ ሓዲርካ

Dobrú noc!

ሰላም ለይቲ

Dovidenia

ደሓን ኩን

smer

ኣንፈት

batožina

ጉዓዝ

taška

ሳንጣ

batoh

ሳንጣ ሕቖ

hosť

ጋሻ

izba

ክፍሊ.

spacák

ክሻ መደቀሲ.

stan

ቴንዳ

informácie pre turistov

ሓበሬታ በጻሕቲ ሃገር

pláž

ገምገም ባሕሪ

kreditná karta

ክሬዲት ካርድ

raňajky

ቁርሲ

obed

ምሳሕ

večera

ድራር

cestovný lístok

ቲከት

výťah

ሊፍት

poštová známka

ማሕተም ደብዳበ

hranica

ዶብ

clo

ድንና

veľvyslanectvo

ኣምበሲ

vízum

ቪዛ

cestovný pas

ፓስፖርት

doprava

መጓዓዝያ

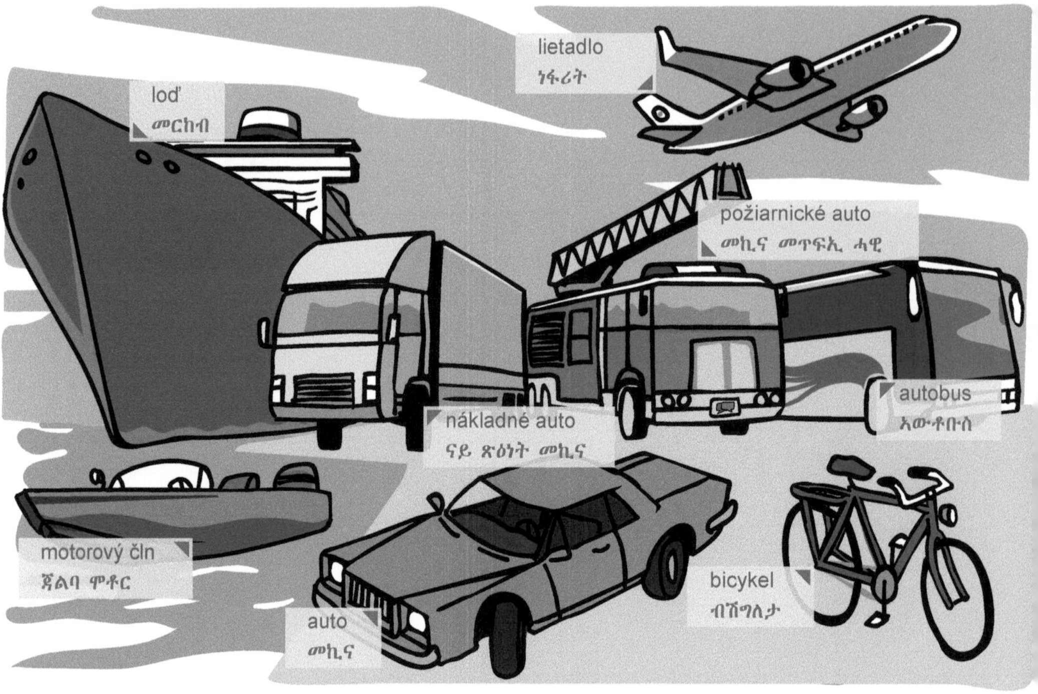
lietadlo
ነፋሪት
loď
መርከብ
požiarnické auto
መኪና መጥፍኢ ሓዊ
autobus
ኣውቶቡስ
nákladné auto
ናይ ጽዕነት መኪና
motorový čln
ጀልባ ሞቶር
bicykel
ብሽግለታ
auto
መኪና

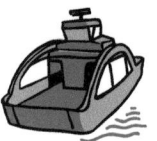

trajekt

ፈሪ

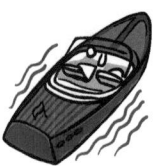

loď

ጀልባ

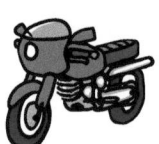

motorka

ሞቶ

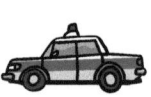

policajné auto

መኪና ፖሊስ

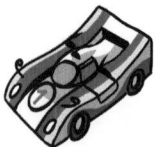

pretekárske auto

መኪና ቅድድም

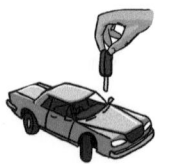

vozidlo z požičovne

ክራይ መኪና

carsharing

ምውፋይ መካይን

odťahové auto

መወሰዲ መኪና

smetiarske auto

መኪና ጎሓፍ

motor

ሞቶር

benzín

ነዳዪ

čerpacia stanica

እንዳ ነዳዪ

dopravná značka

ምልክት ትራፊክ

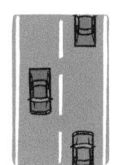

premávka

ትራፊክ

zápcha

ምጭቍጫቝ ትራፊክ

parkovisko

መዓሸጊ መኪና

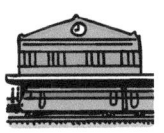

vlaková stanica

መዕረፊ ባቡር

trate

ሓዲግ

vlak

ባቡር

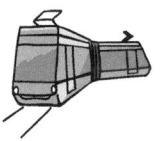

električka

ትረም

vagón

ባጎኒ

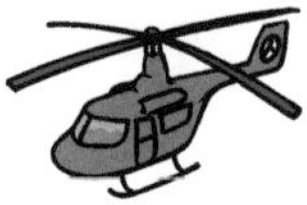

helikoptéra

ሄሊኮፕተር

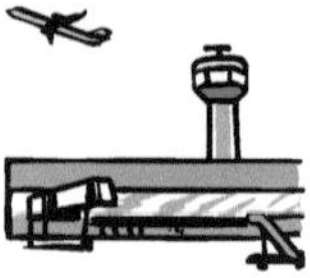

letisko

መዓረፊ ነፈርቲ

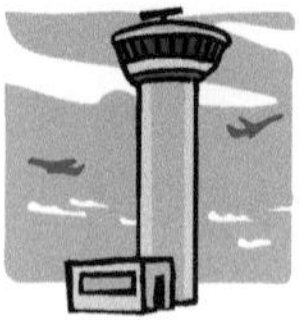

veža

ታወር

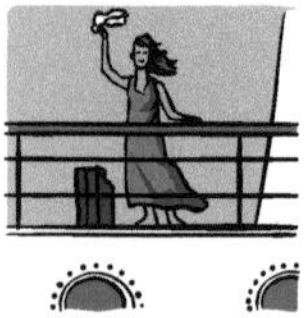

pasažier

ተጐዓዚ

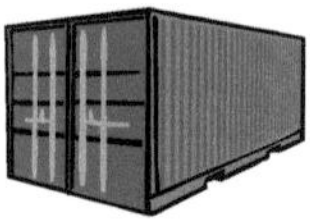

kontajner

ኮንተይነር

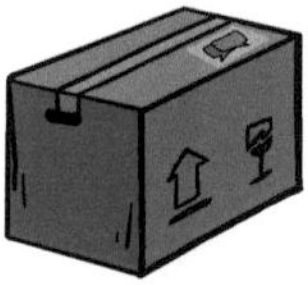

kartón

ሳንዱቕ ካርቶን

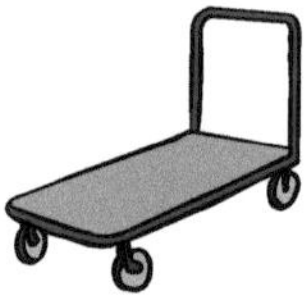

vozík

ኮርሳ ጽዕነት

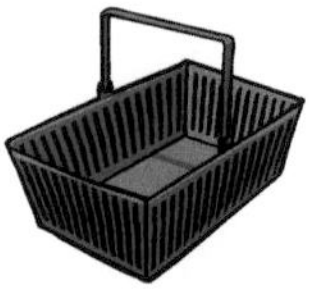

kôš

ዘንቢል

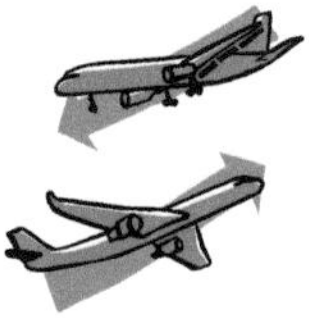

štartovať / pristáť

ተበገሰ / ዓለበ

mesto

ከተማ

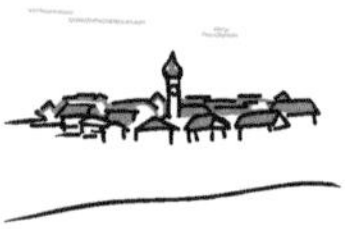

dedina

ቍሸት

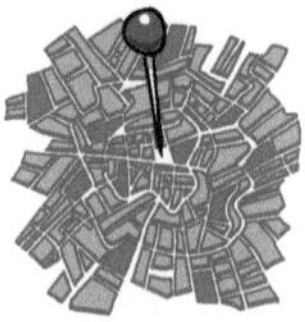

centrum mesta

ማእከል ከተማ

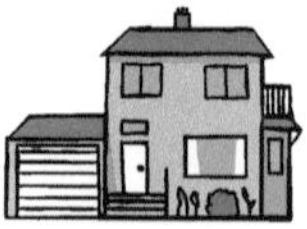

dom

ገዛ

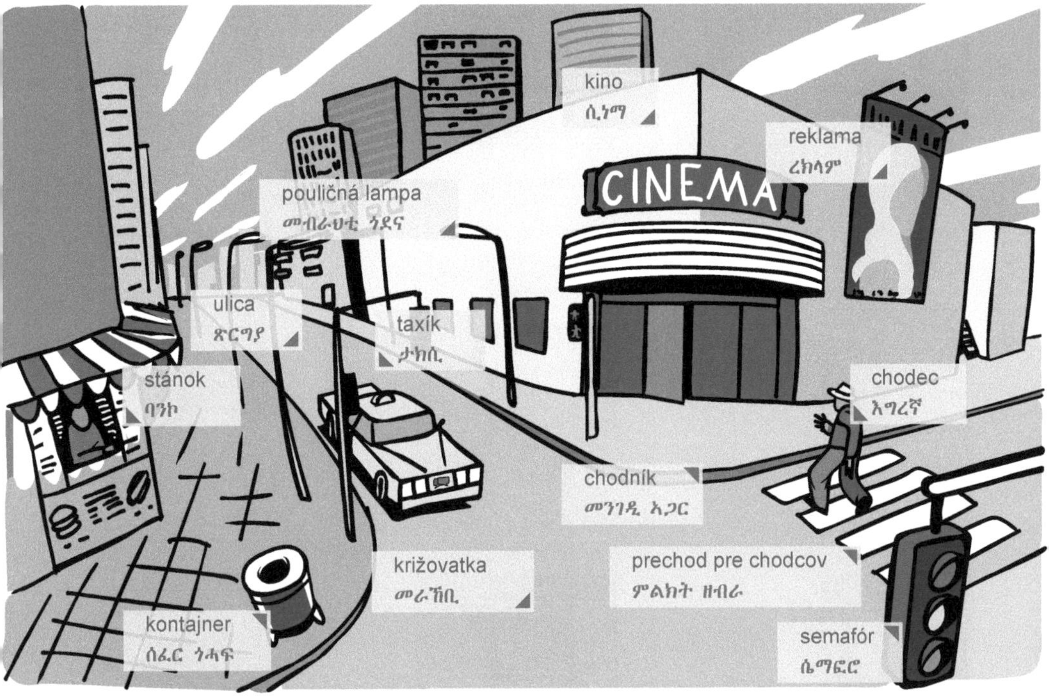

kino
ሲኔማ

reklama
ረክላም

pouličná lampa
መብራት-ህቲ ጎደና

ulica
ጽርግያ

taxík
ታክሲ

chodec
እግረኛ

stánok
ባንኮ

chodník
መንገዲ እግሪ

križovatka
መራኸቢ

prechod pre chodcov
ምልክት ዘብሪ

kontajner
ሰፈር ጎሓፍ

semafór
ሴማፎር

chata
አጉዶ

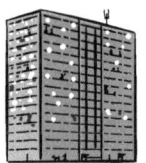

byt
አፓርትመንት

vlaková stanica
መዕረፊ ባቡር

radnica
ቤት ምምሕዳር

múzeum
ቤተ መዘክር

škola
ቤት-ትምህርቲ

univerzita

ዩኒቨርሲቲ

banka

ባንክ

nemocnica

ሆስፒታል

hotel

መቐበሊ አጋይሽ

lekáreň

ቤት መድሃኒት

kancelária

ቤት ጽሕፈት

kníhkupectvo

ዱኳን መጽሓፍቲ

obchod

ዱኳን

kvetinárstvo

ዱኳን ዕንባባ

supermarket

ሱፐርማርከት

trh

ዕዳጋ

obchodný dom

ሹቅ

obchodník s rybami

ነጋዶይ ዓሳ

nákupné stredisko

ሹቅ

prístav

መርሳ

park
መዘናግዒ

lavička
ባንኪ

most
ድልድል

schody
መደያይቦ

metro
ባቡር ትሕቲ ምድሪ

tunel
ቢንቶ

autobusová zastávka
መዕረፊ አውቶቡስ

bar
ቤት መስተ

reštaurácia
ቤት-መግቢ

poštová schránka
ሳጹርት

tabuľa s názvom ulice
ታቤላ

parkovacie hodiny
ሰዓት ፓርኪንግ

ZOO
መካነ እንስሳታት

plaváreň
መሓምበሲ

mešita
መስጊድ

farma

ቤት ሕርሻ

znečisťovanie životného prostredia

ብክላ

cintorín

መቃብር

kostol

ቤተክርስትያን

ihrisko

ቦታ ምጽዋት

chrám

ቤት መቕደስ

terén

ስእሊ መሬት

list
ኣቝጽልቲ

smerová tabuľa
መሕበሪ መገዲ

cesta
መገዲ

lúka
ሸኻ

kameň
እምኒ

turista
ኩብላሲ

strom
ኣግራብ

rieka
ፈለግ

tráva
ስዓር

kvet
ዕንባባ

dolina

ስንጭሮ

kopec

ጎቦ

jazero

ቀላይ

les

ዱር

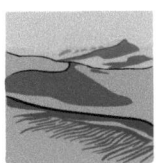

púšť

ምድረ በዳ

vulkán

እሳተ-ጎመራ

zámok

ግምቢ

dúha

ቀስተ-ደመና

hríb

ቃንጦሻ

palma

ዓርኮብኮባይ

komár

ጣንጡ

mucha

ሃመማ

mravec

ጻጻ

včela

ንህቢ

pavúk

ሳሬት

chrobák

ሕንዚዝ

žaba

ዕንቅርዖብ

veverička

ምጽጹላይ

jež

ቅንፍዝ

zajac

ማንቲለ

sova

ጉንን

vták

ጭሩ

labuť

ስዋን

diviak

መፍለስ

jeleň

ዓጋዘን

los

ሙስ

hrádza

ግድብ

veterná turbína

ተርባይን ንፋስ

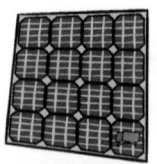

solárny panel

ሶላር ስርሓት

podnebie

ኩነታት አየር

reštaurácia

ቤት-መግቢ

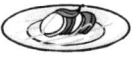

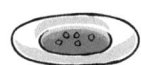

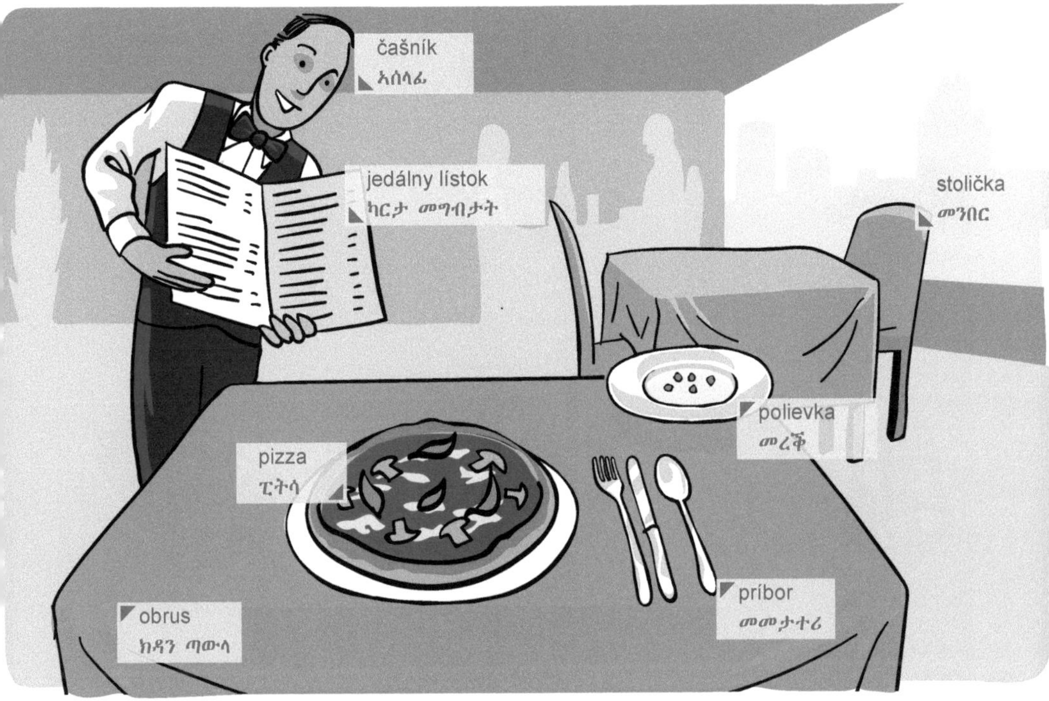
čašník
ኣሰላፊ
jedálny lístok
ካርታ መግብታት
stolička
መንበር
polievka
መረቕ
pizza
ፒትሳ
príbor
መመታተሪ
obrus
ክዳን ጣውላ

predjedlo

ቅድመ ቀንዲ መግቢ

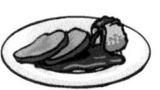

hlavné jedlo

ቀንዲ መኣዲ

zákusok

ድሕረ መግቢ

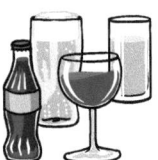

nápoje

መስተ

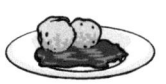

jedlo

መግቢ

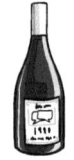

fľaša

ጥርሙዝ

fast-food

ስሉጥ መግቢ.

street food

መግቢ. ጽርግያ

kanvica na čaj

ብርጭቆ ሻሂ

cukornička

ታኒካ ሽኮር

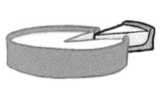

porcia

ክፋል

stroj na espresso

ማሺን ኤስፕረሶ

detská stolička

ነዊሕ መንበር

účet

ጸብጻብ

podnos

ታብለት

nôž

ካራ

vidlička

ፉርከታ

lyžica

ማንካ

čajová lyžička

ማንካ ሻሂ

obrúsok

ሰርቪየተ

pohár

ብኬሪ

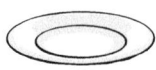

tanier

ሸሓኒ

hlboký tanier

ሸሓኒ መረቅ

podšálka

ትሕቲ ኩባያ

omáčka

ጸብሒ

soľnička

ወሃቢ ጨው

mlynček na korenie

መጥሓን በርበሪ

ocot

አቾቶ

olej

ዘይቲ

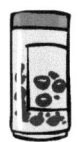

korenie

ቀመም

kečup

ከቻፕ

horčica

አድሪ

majonéza

ማዮኔዝ

supermarket

ሱፐርማርኬት

špeciálna ponuka
ወፈያ
FOR
klient
ዓሚል
mliečne výrobky
ፍርያታት ጸባ
ovocie
ፍረታት
nákupný vozík
ሰረገላ ዱኳን

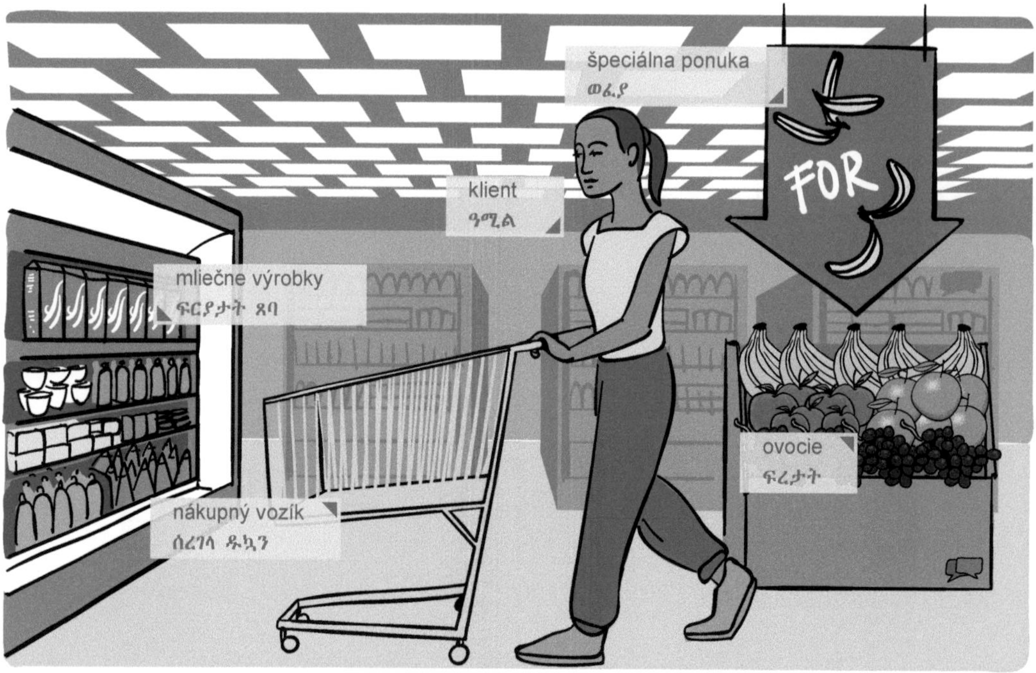

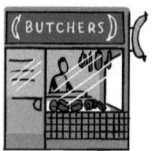

BUTCHERS

mäsiarstvo

እንዳ ስጋ

BAKERY

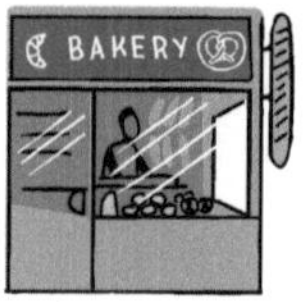

pekáreň

እንዳ ባኒ

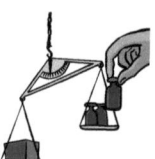

vážiť

ክብደት

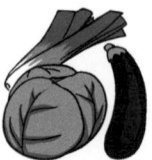

zelenina

ኣሕምልቲ

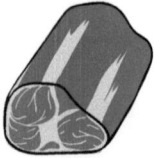

mäso

ስጋ

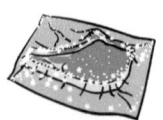

mrazené potraviny

መግቢ ፍሪጅ በረድ

nárez

ዝሑል ቅራብ መግቢ.

konzervy

እስታጥላ

prací prostriedok

አሞ

sladkosti

ምቁር መግቢ.

domáce potreby

ዘቤታውያን ኣቑሑ

čistiace prostriedky

ናውቲ መጽረዪ.

predavačka

ሸቃጣይ

pokladňa

ካሳ

pokladník

ተሓዝ ገንዘብ

nákupný zoznam

ዝርዝር ምግዛእ

otváracie hodiny

ክፉት ሰዓታት

peňaženka

ማሕፉዳ

kreditná karta

ክሬዲት ካርድ

taška

ሳንጣ

plastové vrecko

ፌስታል

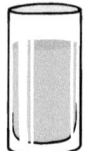

voda

ማይ

džús

ጅማቆ

mlieko

ጸባ

kola

ኮላ

víno

ነቢት

pivo

ቢራ

alkohol

አልኮል

kakao

ካካው

čaj

ሻሂ

káva

ቡን

espresso

ኤስፕረሶ

kapučíno

ካፑቺኖ

banán

ባናና

jablko

ቱፋሕ

pomaranč

አራንሺ

melón

ብርጭቆ

citrón

ለሚን

mrkva

ካሮት

cesnak

ጸዕዳ ሽጉርቲ

bambus

ባምቡስ

cibuľa

ሽጉርቲ

hríb

ቅንጦሻ

orechy

ፉል

rezance

ፓስታ

špagety

ስፓጌቲ

ryža

ሩዝ

šalát

ሰላጣ

hranolky

ቅልዋ ድንሽ

pečené zemiaky

ቅሉው ድንሽ

pizza

ፒትሳ

hamburger

ሃምቡርገር

obložený chlebík

ፓኒኖ

rezeň

ቢስተካ

šunka

ሰለፍ ሓሰማ

saláma

ሳላሚ

klobása

ግዕዝም

kurča

ደርሆ

pečené mäso

ቀለወ

ryba

ዓሳ

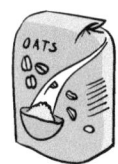

ovsené vločky

ገዓት

müsli

ሙስሊ

kukuričné lupienky

ኮርንፍላይክስ

múka

ሓርጭ

croissant

ክሮሶን

pečivo

ባኒ

chlieb

ባኒ

hrianka

ቶስት

sušienky

ብሽኩቲ

maslo

ጠስሚ

tvaroh

ርጎዖ

koláč

ፓስተ

vajce

እንቋቍሐ

volské oko

ቅሉው እንቋቍሐ

syr

ፋርማጆ

zmrzlina

አይስ ክሪም

cukor

ሽኩር

med

መዓር

lekvár

ጃም

nugátová nátierka

ኑጋት-ክሪም

karí korenie

ኩሪ

farma
ቤት ሕርሻ

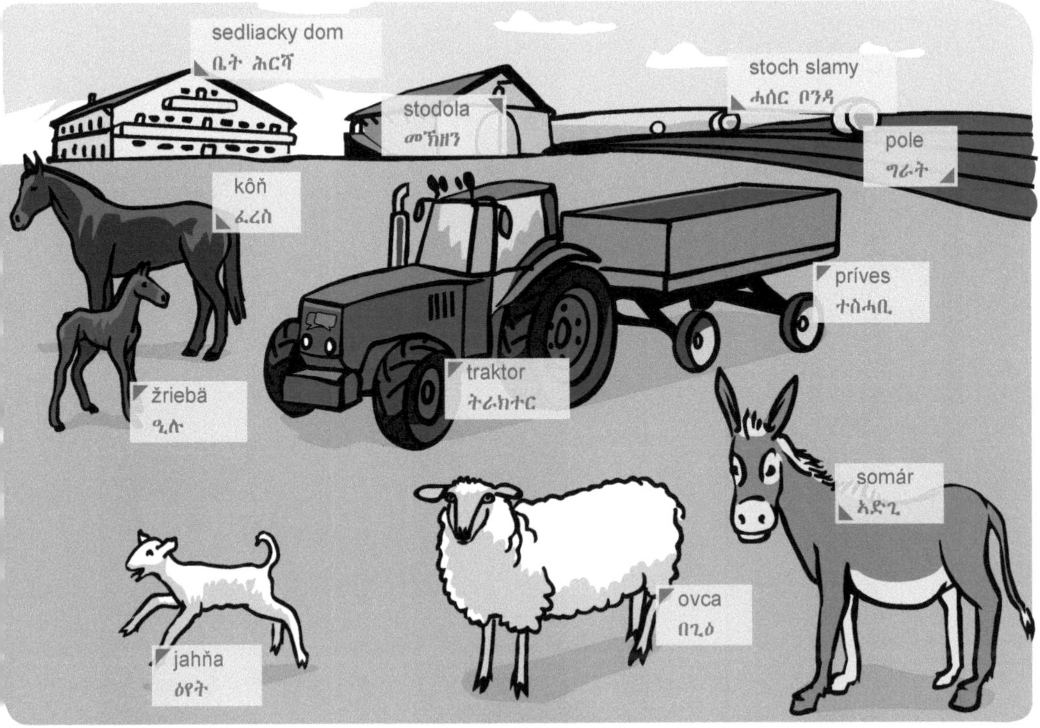
sedliacky dom
ቤት ሕርሻ
stodola
መኽዘን
stoch slamy
ሓሰር ቦንዳ
pole
ግራት
kôň
ፈረስ
príves
ተሰሓቢ
traktor
ትራክተር
žriebä
ዒሉ
somár
ኣድጊ
ovca
በጊዕ
jahňa
ዕየት

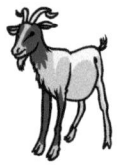

koza

ጤል

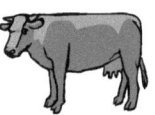

krava

ብዕራይ

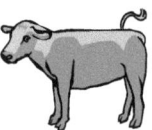

teľa

ምራኽ

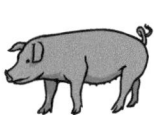

prasa

ሓሰማ

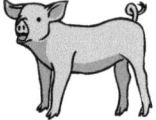

prasiatko

ውላድ ሓሰማ

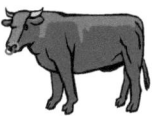

býk

ኣርሓ

hus

ዓሳ

kačica

ማይ ደርሆ

kuriatko

ጫቑሊት

sliepka

ደርሆ

kohút

ኣርሓ ደርሆ

potkan

ኣንጨዋ ዓባይ

mačka

ድሙ

myš

ኣንጭዋ

vôl

ብዕራይ

pes

ከልቢ

psia búda

ኣጉዶ ከልቢ

záhradná hadica

ቱባ ጆርዲን

krhla

መዝሬፊ ማይ

kosa

ዓቢ ማዕጺድ

pluh

ማሕረሻ

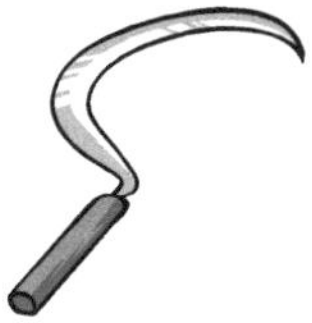

kosák

ማዕጺድ

motyka

ጭኽሮ

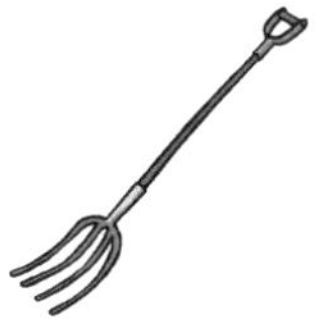

vidly na hnoj

መስአ

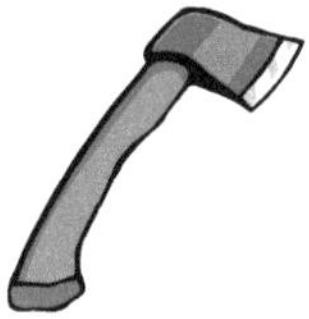

sekera

ፋስ

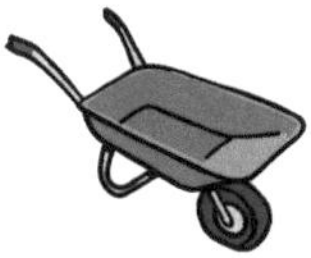

fúrik

ዓረብያ ኢድ

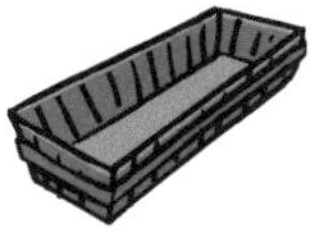

koryto

ጋብላ

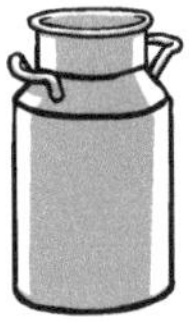

kanva na mlieko

ብርጭቆ ጸባ

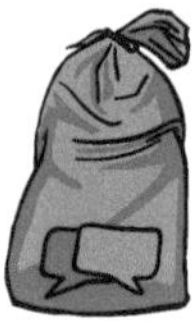

vrece

ክሻ

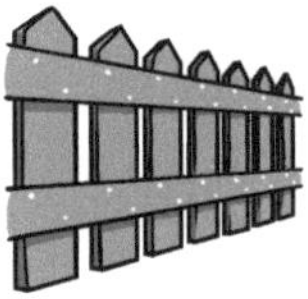

plot

ሓጹር

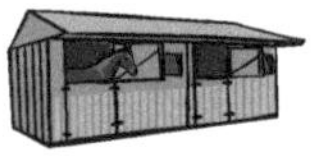

maštaľ

መጓሰስ

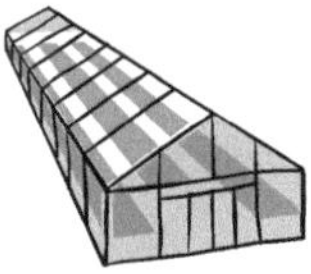

skleník

ቐጠልያ ገዛ

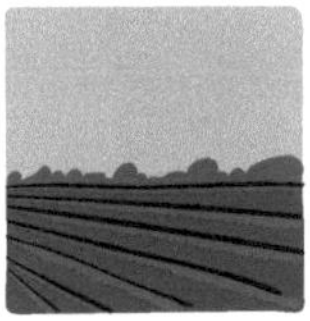

pôda

ባይታ

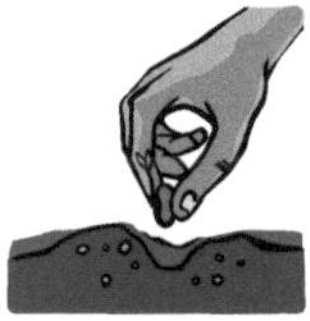

osivo

ዘርኢ

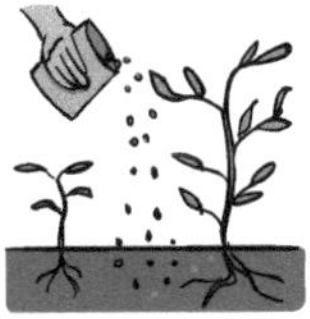

hnojivo

ድኹዒ

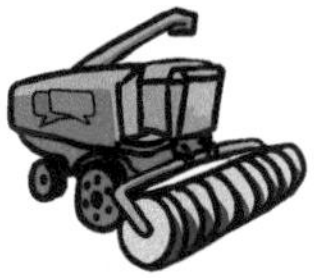

kombajn

ዘጣምር ቀውዓይ

žať

ቀውዐ

žatva

ጸማ

batát

ድንሽ ያም

pšenica

ስርናይ

sója

ሶያ

zemiak

ድንሽ

kukurica

ዕፉን

repka

ራፕስ

ovocný strom

ገረብ ፍረታት

maniok

ማኒኦክ

obilie

ኣእኻል

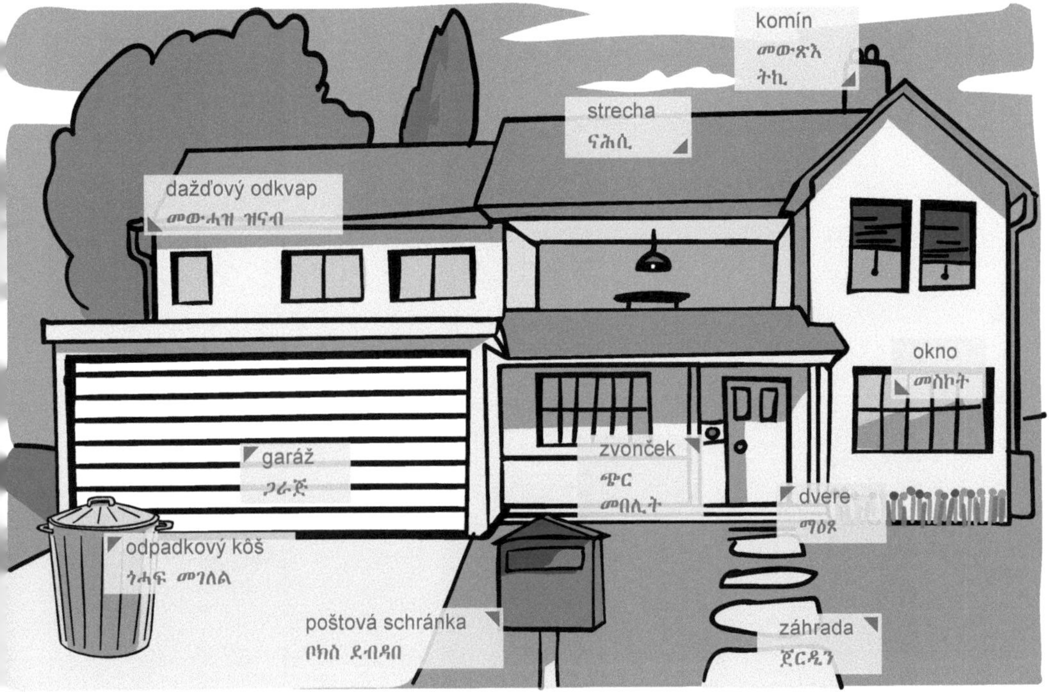

komín
መውጽእ ትኪ

strecha
ናሕሲ

dažďový odkvap
መውሓጊ ዝናብ

okno
መስኮት

garáž
ጋራጅ

zvonček
ጭር መበሊ ት

dvere
ማዕጾ

odpadkový kôš
ጐሓፍ መገለል

poštová schránka
ቦክስ ደብዳበ

záhrada
ጀርዲን

obývačka

ክፍሊ ምችማጥ

kúpeľňa

ክፍሊ ባንዮ

kuchyňa

ክሽነ

spálňa

ክፍሊ መደቀሲ

detská izba

ክፍሊ ቆልዑ

jedáleň

መመገቢ ክፍሊ

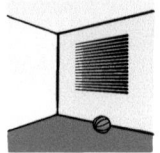

podlaha

ባይታ

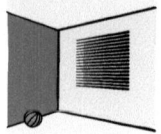

stena

መንደቅ

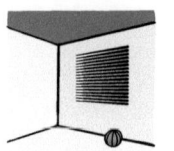

strop

ከበርታ

pivnica

ካንቲና

sauna

ሳውና

balkón

ባልኮን

terasa

ዛላ

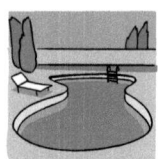

bazén

መሕምበሲ

kosačka

መቑረጺ ሳዕሪ

obliečka

አንሶላ ዓራት

posteľná prikrývka

ከበርታ ዓራት

posteľ

ዓራት

metla

መኾስተር

vedro

መገለል

vypínač

መወልዒት

obývačka

ክፍሊ ምኽማጥ

tapeta
ወረቐት
መንደቕ
obraz
ስእሊ
lampa
ላምፓ
regál
ክብሒ
skriňa
ክብሒ
televízor
ተለቪዥን
kozub
መውጽኢ ትኪ ኣብ
ገዛ
kvet
ዕንባባ
vankúš
መተርኣስ
pohovka
ሳሎን
váza
ባዞ
diaľkové ovládanie
ሪሞት

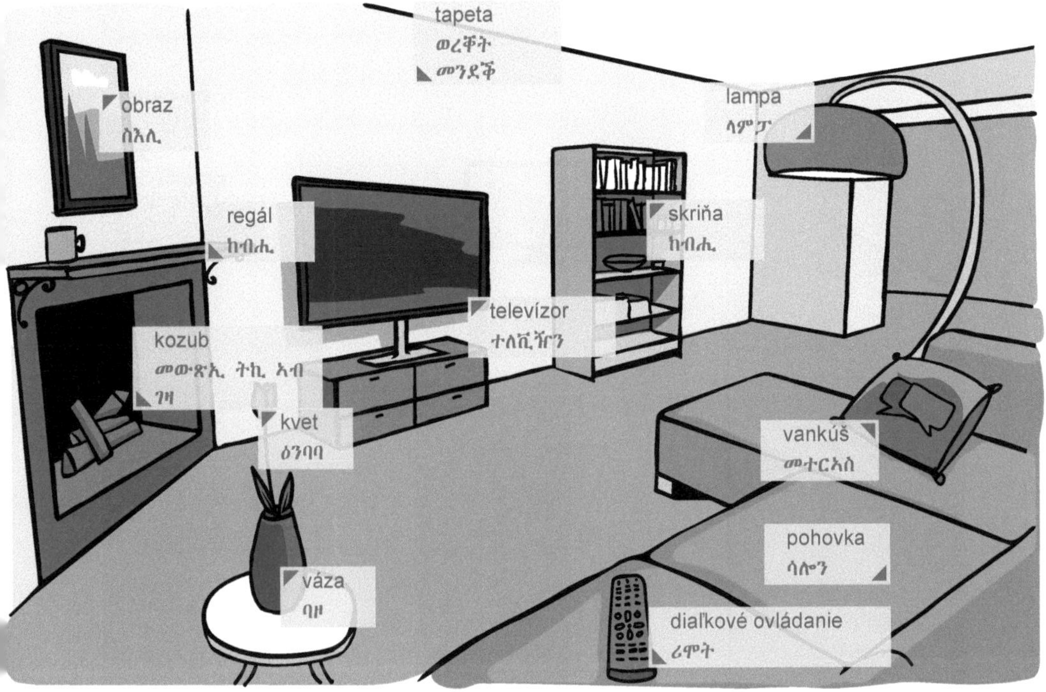

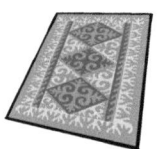

koberec
....
መንጸፍ

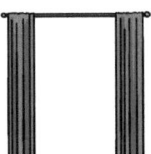

záclona
....
መጋረጃ

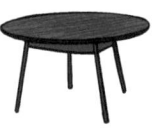

stôl
....
ጣውላ

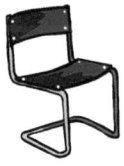

stolička
....
መንበር

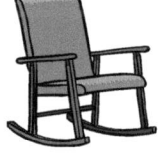

hojdacie kreslo
....
ሰለል ዝብል መንበር

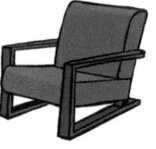

kreslo
....
መንበር ምቹእ

kniha

መጽሓፍ

prikrývka

ከቦርታ

dekorácia

ስልማት

drevo na kúrenie

እንጨይቲ ሓዊ

film

ፊልም

hi-fi veža

ስተረዮ

kľúč

መፍትሕ

noviny

ጋዜጣ

maľba

ቅብኣ

plagát

ፖስተር

rádio

ረድዮ

zápisník

ጥራዝ

vysávač

መልገሲ ደሮና

kaktus

በለስ

sviečka

ሽምዓ

kuchyňa
ክሽነ

chladnička
መዝሓሊ
mikrovlnka
ሚክሮቨላ
kuchynské váhy
ሚዛን ክሽነ
hriankovač
ቶስተር
čistiaci prostriedok
መጽረዪ
pec
እቶን
mraziarenský box
መዝሓሊ በረድ
odpadkový kôš
ጎሓፍ መገለል
umývačka riadu
መጽረዪ ኣቕሑ መግቢ

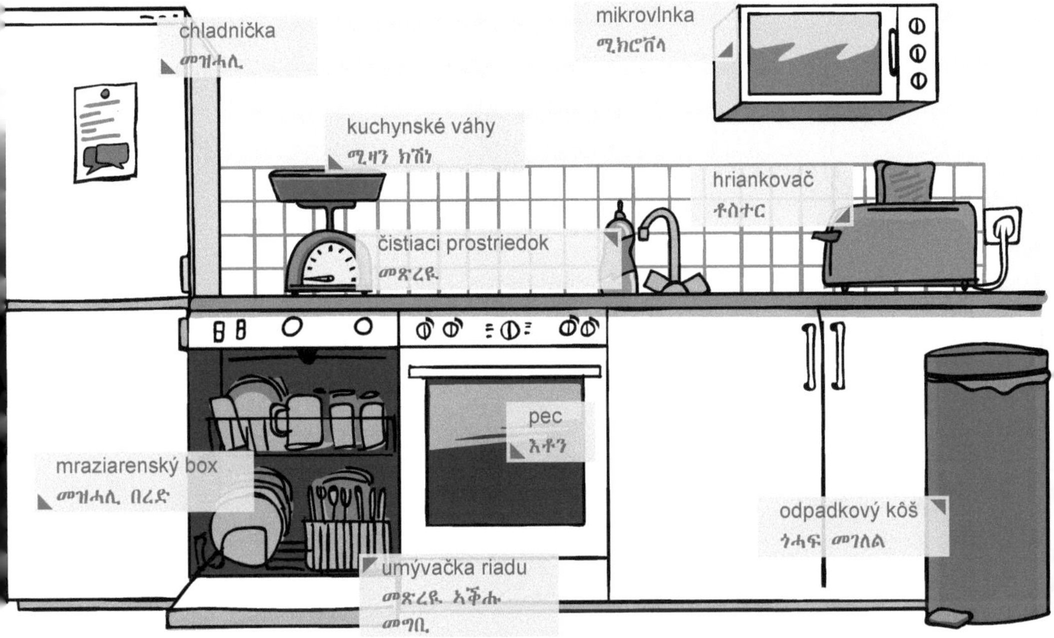

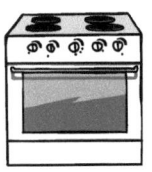

sporák

መኽሸኒ

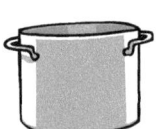

hrniec

ድስቲ

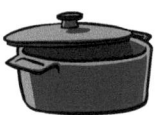

železný hrniec

ድስቲ ሓጺን

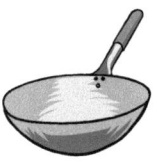

wok / kadai

ቮክ/ካዳይ

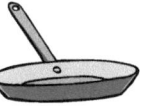

panvica

ባደላ

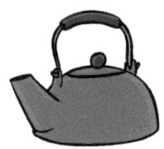

rýchlovarná kanvica

መውዓዪ ማይ

parný hrniec

መፍልሒ

plech na pečenie

ንንቶራ ምስንካት

riad

ኣቅሑ መግቢ

pohár

ብርጭቆ

misa

ጭሓሎ

paličky

ማንካቺና

naberačka na polievku

ማንካ መረቅ

stierka

መገልበጢ ባደላ

metlička

መኸስተር ውርጪ

cedidlo

መንፊት መግቢ

sitko

መንፊት

strúhadlo

መፋሕፍሒ

mažiar

ሞርታር

gril

ባርቢክዩ

ohnisko

ስፍራ ሓዊ

doska na krájanie

እንጨይቲ ምምታር

valček na cesto

እንጨይቲ ኩረር

vývrtka

መኽፈት ቡሽ

konzerva

ታኒካ

otvárač na konzervy

መኽፈቲ ታኒካ

chňapka

ጨርቂ ድስቲ

výlevka

ቡምባ

kefa

አስባስላ

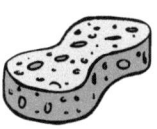

hubka

ሰፍነግ

mixér

ሓዋሲ አደባላቒ

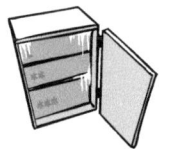

mraznička

መዝሓሊ በረድ

kojenecká fľaša

ጥርሙዝ ማማይ

vodovodný kohútik

ቡምባ ማይ

kúpeľňa

ክፍሊ ባንዮ

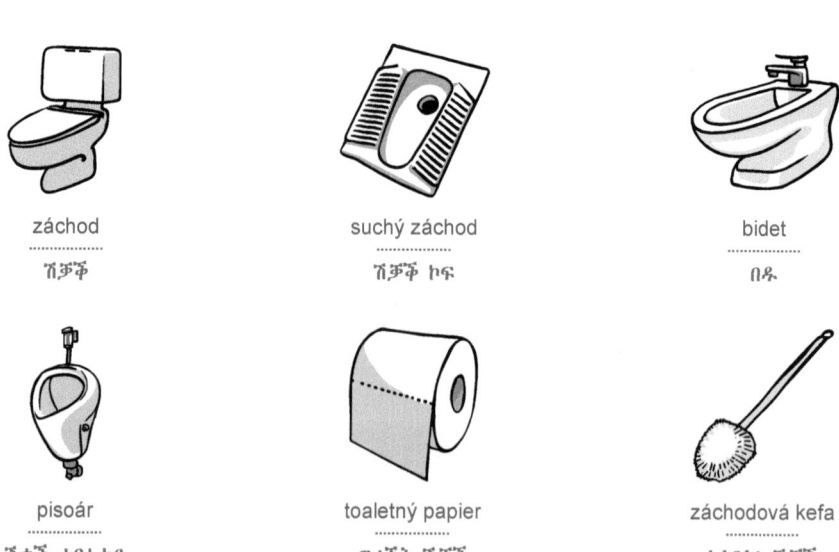

kúrenie
መውዓዪ
sprcha
መሕጸቢ ሻወር
uterák
ሽጎማኖ
sprchový záves
ሻወር መጋረጃ
pena do kúpeľa
መሕጸቢ ዓፍራ
vaňa
ባንዮ መሕጸቢ
pohár
ብኬሪ
práčka
ሓጻቢት
vodovodný kohútik
ቡምባ ማይ
dlaždice
ማቶነላ
nočník
ድስቲ
výlevka
ቡምባ

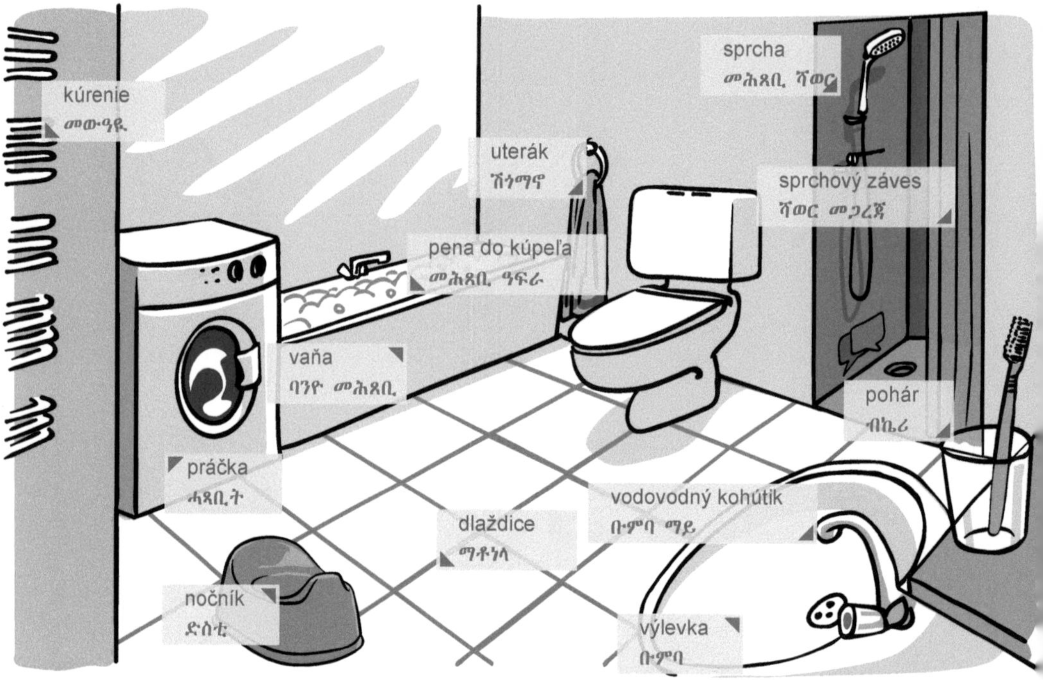

záchod

ሽቓቕ

suchý záchod

ሽቓቕ ኮፍ

bidet

በዴ

pisoár

ሽቃቕ ተባዕታይ

toaletný papier

ወረቐት ሽቓቕ

záchodová kefa

ኣስባስላ ሽቓቕ

zubná kefka

አስባስላ ስኒ

zubná pasta

ክሬማ ስኒ

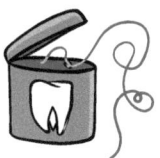

dentálna niť

ሃሪ ስኒ

umývať

ሓጸበ

ručná sprcha

ዱሽ ኢድ

sprcha pre intímnu hygienu

ዱሽ

umývadlo

ብርጭቆ ምሕጻብ

kefa na chrbát

አስባስላ ሕቖ

mydlo

ሳምና

sprchový gél

ሻወር ጄል

šampón

ሻምፑ

frotírová rukavica

ጨርቂ መሕጸቢ.

odtok

መውሓዚ.

krém

ክሬማ

dezodorant

ደዮ ጨና

zrkadlo

መስትያት

kozmetické zrkadlo

ናይ ኢ.ድ መስትያት

žiletka

መላጸ

pena na holenie

ዓፍራ ምልጸይ

voda po holení

ጨና ድሕሪ ምልጸይ

hrebeň

መመሸጥ

kefa

አስባስላ

sušič vlasov

መንቆጺ ጸግሪ

sprej na vlasy

ስፕረይ ጸግሪ

make-up

መመላኽዒ

rúž

ብርኒ ቀለም ከንፈር

lak na nechty

አዝማልቶ

vata

ጸምሪ ጡጥ

nožnice na nechty

መስደዲ ጽፍሪ

parfum

ጨና

kozmetická taška

ሳንጣ መሕጸቢ.

stolček

ድኳ

váha

ሚዛን

kúpací plášť

ክዳን መሕጸቢ.

gumové rukavice

ጎንቲ መጸረዪ

tampón

ታምፓን

menštruačná vložka

ጨርቂ ሰበይቲ

chemické WC

ሽቓቅ ከሚስትሪ

detská izba

ክፍሊ ቆልዑ

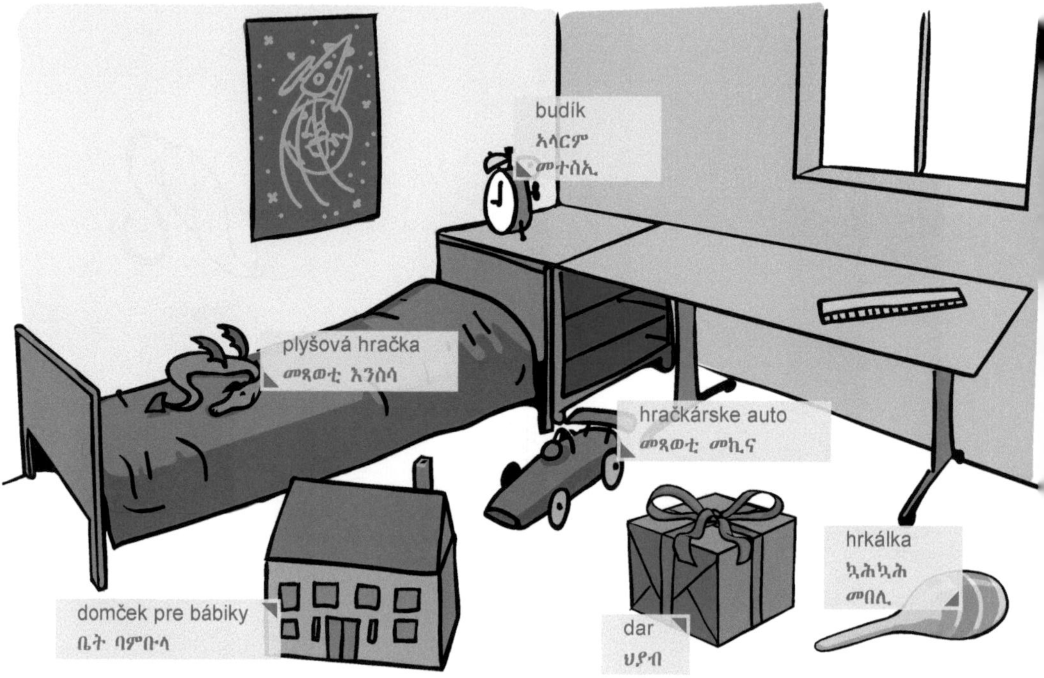

budík
ኣላርም
መተስኢ
plyšová hračka
መጻወቲ እንስሳ
hračkárske auto
መጻወቲ መኪና
hrkálka
ኳሕኳሕ
መበሊ
domček pre bábiky
ቤት ባምቡላ
dar
ህያብ

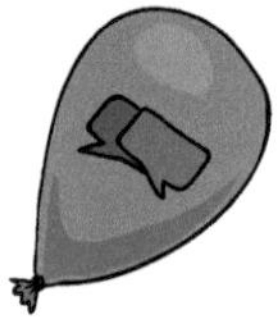

balón

ባላንችና

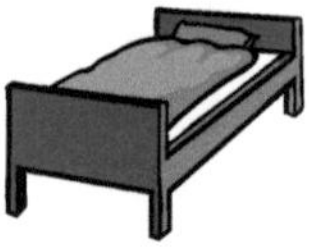

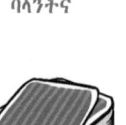

posteľ

ዓራት

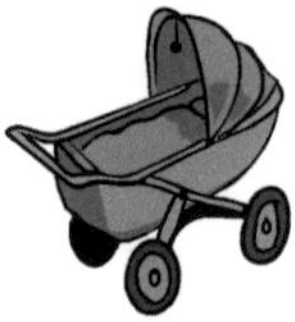

detský kočík

ሰረገላ ህጻን

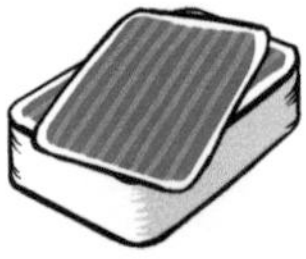

karty

ጸወታ ካርታ

puzzle

ሕንቅሊተይ

komix

ኮሚዲ

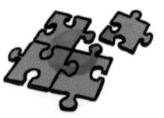

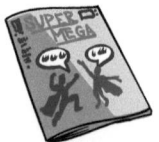

skladačka lego

እምንታት መጸወቲ ሌጎ

stavebnica

መጸወቲ እምንታት

akčná postavička

በዓል አክቸን

dupačky

ከዳን ማማይ

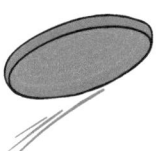

lietajúci tanier

ፍሪስቢ

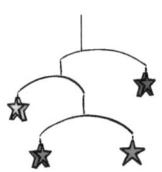

závesné hračky

ሞባይል ማማይ

stolová hra

ጸወታ ሰሌዳ

kocka

ኩቦ

modelový vláčik

ሞደል ባቡር ምድሪ

cumlík

ዓባስ

párty

ፓርቲ

obrázková kniha

መጽሓፍ ስእሊ

lopta

ኩዕሶ

bábika

ባምቡላ

hrať sa

ተጻወተ

pieskovisko

መጻወቲ ሑጻ

hojdačka

ሰላል

hračky

መጻወቲታት

hracia konzola

ኮንሶል ቪድዮ

trojkolka

መጻወቲ ሰለስተ መንኮርኮር

medvedík

ተዲ

šatník

ከብሒ ክዳን

šatstvo

ክዳን

ponožky

ካልስታት

pančuchy

ነዊሕ ካልስታት

pančuchové nohavičky

ስረ ካልሲ

šál
ሻርባ

opasok
ቀልፉ

dáždnik
ጽላ

tričko
ማልያ

tenisky
ስኒከርስ

čižmy
ረፋዕ

papuče
ጫማ ገዛ

sandále
········
ሻበጥ

topánky
········
ጫማ

gumáky
········
ረፋዕ ጎማ

spodky
········
ሙታንታ

podprsenka
········
ከዳን ጡብ

tielko
········
ትሕተ ካሚቻ

body

ቦዲ

nohavice

ስረ

džínsy

ጂንስ

sukňa

ቀምሽ

blúzka

ካምቻ

košeľa

ካሚቻ

pulóver

ጉልፌ

sveter

ኖልፌ

blejzer

ጃኬት

bunda

ጃከት

kabát

ጁባ

pršiplášť

ክዳን ዝናብ

kostým

ኮስቱም

šaty

ቀምሽ

svadobné šaty

ቀምሽ መርዓ

oblek

ልብሲ.

nočná košeľa

ካሚቻ ለይቲ

pyžamo

ክዳን ለይቲ

sari

ሳሪ

šatka na hlavu

መሃረብ ርእሲ.

turban

ቱርባን

burka

ቡርካ

kaftan

ካፍታን

abaja

አባያ

dvojdielne plavky

ክዳን መሕምበሲ.

plavky

ስረ መሕምበሲ.

šortky

ሓጺር ስረ

teplákováá súprava

ክዳን ታዕሊም

zástera

በጃ ክዳን

rukavice

ጓንቲ

gombík

መልጎም

okuliare

መነጽር

náramok

በንናጅር

retiazka

ማዕተብ

prsteň

ቀለበት

náušnica

ኩትሻ

čiapka

ቆብዕ

vešiak

መንበሪ ጁባ

klobúk

ባርኔጣ

kravata

ካርራቫት

zips

ሻርኔጣ

prilba

ሀልመት

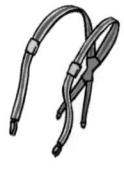

traky

መድልደል ስረ

školská uniforma

ድቢዛ ቤትትምህርቲ

uniforma

ድቢዛ

podbradník

ሰደርያ ቆልዓ

cumlík

ዓባስ

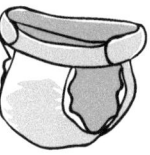

plienka

ጨርቂ ማማይ

kancelária
ቤት ጽሕፈት

server
ሰርቨር

skriňa na spisy
ከብሒ ሰነድ

tlačiareň
ፕሪንተር

papier
ወረቐት

monitor
ሞኒቶር

písací stôl
ጣውላ ምጽሓፍ

myš
ኣንጭዋ

zakladač
ሓጸሬ

klávesnica
ኪቦርድ

kôš na papier
ጎሓፍ ወረቐት

stolička
መንበር

počítač
ኮምፒተር

hrnček na kávu

ብርጭቆ ቡን

kalkulačka

ካልኩለተር

internet

ኢንተርነት

laptop

ለፕቶፕ

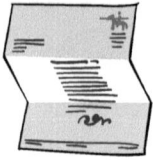

list

ደብዳበ

správa

መልእኽቲ

mobil

ሞባይል

sieť

ነትወርክ/መርበብ

kopírka

መቕድሒ ፎቶኮፒ

softvér

ሶፍትዌር

telefón

ተለፎን

elektrická zásuvka

ሶከት ኣረንቲ

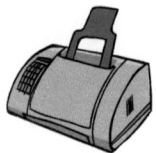

fax

ፋክስ

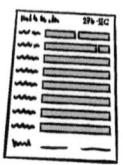

formulár

ፎርም

doklad

ሰነድ

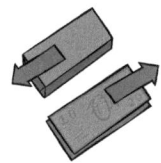

kúpiť

ገዛአ

platiť

ከፈለ

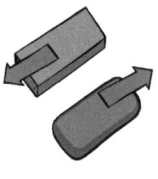

obchodovať

ንግዴ

peniaze

ገንዘብ

 **USD**

dolár

ዶላር

 **EUR**

euro

አይሮ

 **JPY**

jen

የን

 **RUB**

rubeľ

ሩብል

 **CHF**

švajčiarsky frank

ስዊዝ ፍራንክን

 **CNY**

čínsky jüan

ረንሚንቢ ዩዋን

 **INR**

rupia

ሩፒየ

bankomat

መውጽኢ ማሺን ገንዘብ

zmenáreň

በታ ቅያር ገንዘብ

zlato

ወርቂ

striebro

ብሩር

ropa

ዘይቲ

energia

ሓይሊ

cena

ዋጋ

zmluva

ውዕል

daň

ቀረጽ

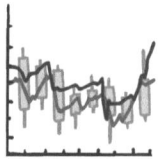

akcia

እኩብ ጥሪ-ነገራት

pracovať

ሰርሐ

zamestnanec

ሰራሕተኛ

zamestnávateľ

አስራሒ

továreň

ትካል

obchod

ዱኳን

povolania

ሞያታት

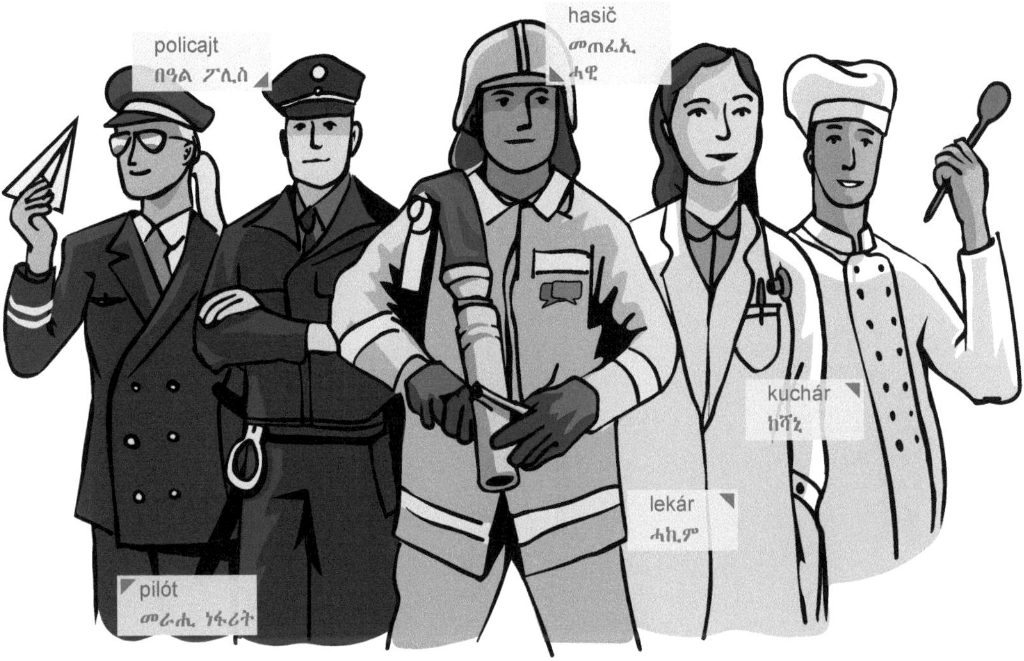
policajt
በዓል ፖሊስ
hasič
መጠፈኢ
ሓዊ
kuchár
ከሻኒ
lekár
ሓኪም
pilót
መራሒ ነፋሪት

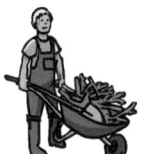

záhradník

ሰራሕተኛ ጀርዲን

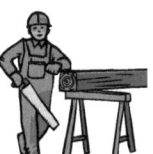

stolár

ጸራቢ ዕንጸይቲ

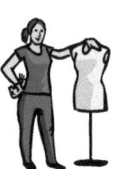

krajčírka

ሰፋይት

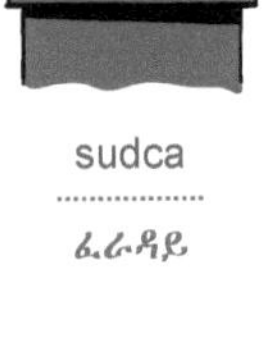

sudca

ፈራዳይ

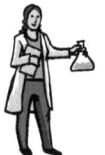

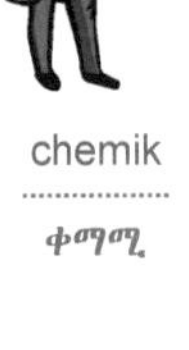

chemik

ቀማሚ

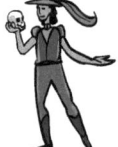

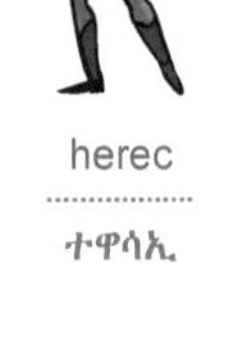

herec

ተዋሳኢ

vodič autobusu

መራሒ አዉቶቡስ

taxikár

አዉቲስታ ታክሲ.

rybár

ገፋሬ ዓሳ

upratovačka

ጸራጊት

pokrývač

ሃናጸይ ናሕሲ.

čašník

አሰላፊ

poľovník

ሃዳናይ

maliar

ሰኣላይ

pekár

እንዳ ሕብስቲ

elektrikár

ኤለትሪከኛ

stavebný robotník

ሃናጺ አባይቲ

inžinier

ሃንዳሲ.

mäsiar

ሰራሕተኛ እንዳ ስጋ

klampiar

ድራብሊኮ

poštár

አማላላሲ ፖስጣ

vojak

ወተሃደር

architekt

መሃንድስ

pokladník

ተሓዝ ገንዘብ

kvetinár

ሰራሕተኛ ዕምባባ

kaderník

ቀም ቃማይ

sprievodca

ፈተሪኖ

mechanik

መካኒክ

kapitán

መራሒ መርከብ

zubár

ሓኪም ስኒ

vedec

ተመራማሪ

rabín

ራቢ

imám

ኢማም

mních

ፈላሲ

farár

ቀሺ

náradie

ናውቲ

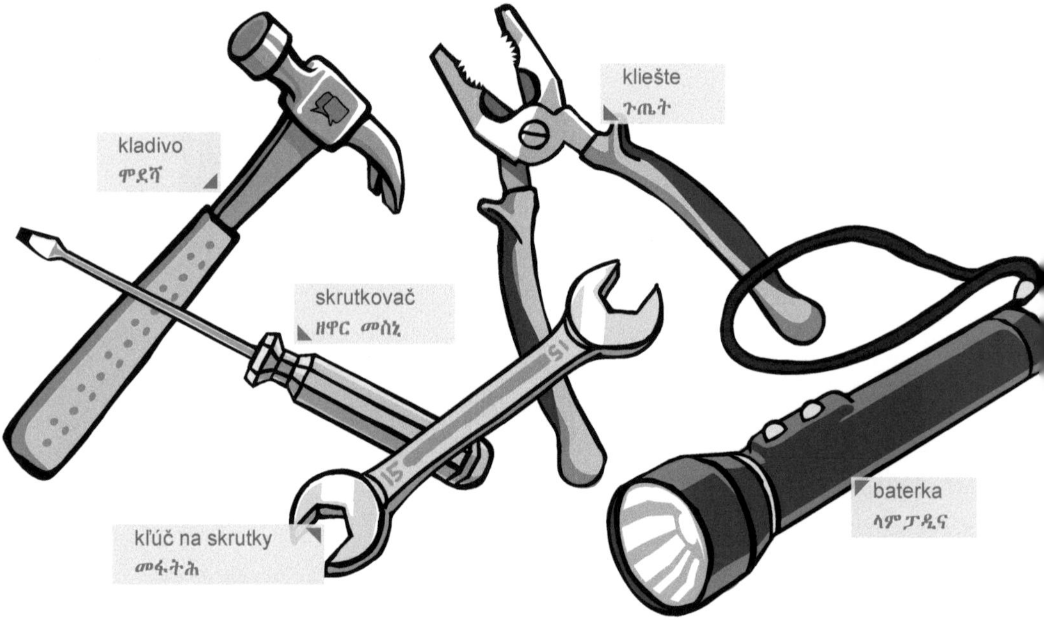
kladivo
ሞዶሻ
kliešte
ጉጠት
skrutkovač
ዘዋር መስኒ
kľúč na skrutky
መፋትሕ
baterka
ላምፓዲና

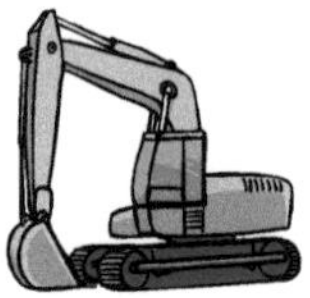

bager
ፈሓሪ

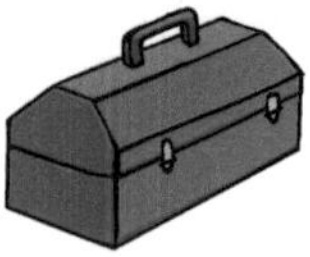

súprava náradia
ናውቲ ቦክስ

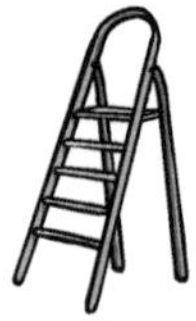

rebrík
መደያይቦ

pílka
መጋዝ

klince
መስማር

vrták
ኲዓቲ

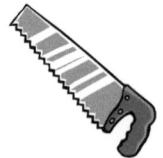

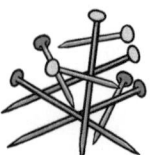

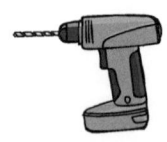

opraviť

ምዕራይ

lopata

ባደላ

Do čerta!

አይ!

lopatka na smeti

መትሓዚ ዶሮና

nádoba s farbou

ድስቲ ቀለም

skrutky

ካቻቢተ

hudobné nástroje

መሳርሒ ሙዚቃ

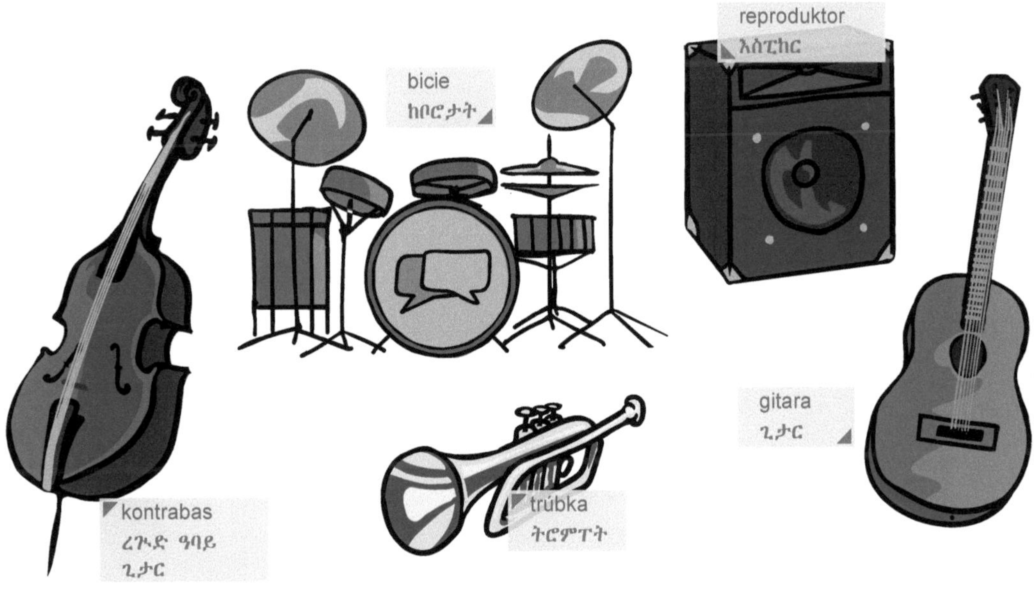

bicie
ከበሮታት

reproduktor
እስፒከር

gitara
ጊታር

kontrabas
ረጉድ ዓባይ
ጊታር

trúbka
ትሮምፐት

klavír

ፒያኖ

husle

ቪዮሊን

basa

ባስ ጊታር

tympany

ቲምፓኒ

bubon

ከበሮ

klávesnica

ኦርጋን

saxofón

ሳክሶፎን

flauta

ሻምብቆ

mikrofón

ሚክሮፎን

tiger
ነብሪ

vstup
መእተዊ

klietka
ጎጎያ

zebra
አድጊ በረኻ

krmivo pre zver
መግቢ. እንስሳ

panda
ፓንዳ

zvieratá

እንስሳታት

slon

ሓርማዝ

klokan

ካንጋሩ

nosorožec

ሓሪሽ

gorila

ጉሪላ

medveď

ድቢ

ťava

ገመል

pštros

ሰገን

lev

አንበሳ

opica

ህበይ

plameniak

ፍላሚንጎ

papagáj

ሕንጻይ

ľadový medveď

ድቢ በረድ

tučniak

ፐንጉን

žralok

ክልቢ ዓሳ

páv

ጣውስ

had

ተመን

krokodíl

ሓርገጽ

ošetrovateľ v ZOO

ሓላዊ ቤት ገርድሽ

tuleň

ዓሳ ዚምገብ እንስሳ ባሕሪ

jaguár

ጃጓር

poník

ሓጹር ፈረስ

leopard

ነብሪ

hroch

ጐማሬ

žirafa

ጂራፍ

orol

ሲላ

diviak

መፍለስ

ryba

ዓሳ

korytnačka

ጎብየ

mrož

ዋልሩስ

líška

ወኻርያ

gazela

ሰስሓ

americký futbal
ናይ ኣሜሪካ ኩዕሶ እግሪ

cyklistika
ምዝዋር ብሽግለታ

tenis
ተኒስ

basketbal
ባስከትባል

plávanie
ምሕምባስ

box
ቦክሲንግ

hokej
ሆኪ በረድ

futbal
ኩዕሶ እግሪ

bedminton
ባድሚንቶን

ľahká atletika
እስፖርታዊ ንጥፈታት

hádzaná
ኩዕሶ ኢድ

lyžovanie
ስኪ

pólo
ፖሎ

aktivity

ንጥፈታት

skočiť
ነጠረ
objať
ሓቖፈ
smiať sa
ሰሓቐ
chodiť
ከደ
spievať
ደረፈ
snívať
ሓለመ
modliť sa
ጸለየ
pobozkať
ሰዓመ

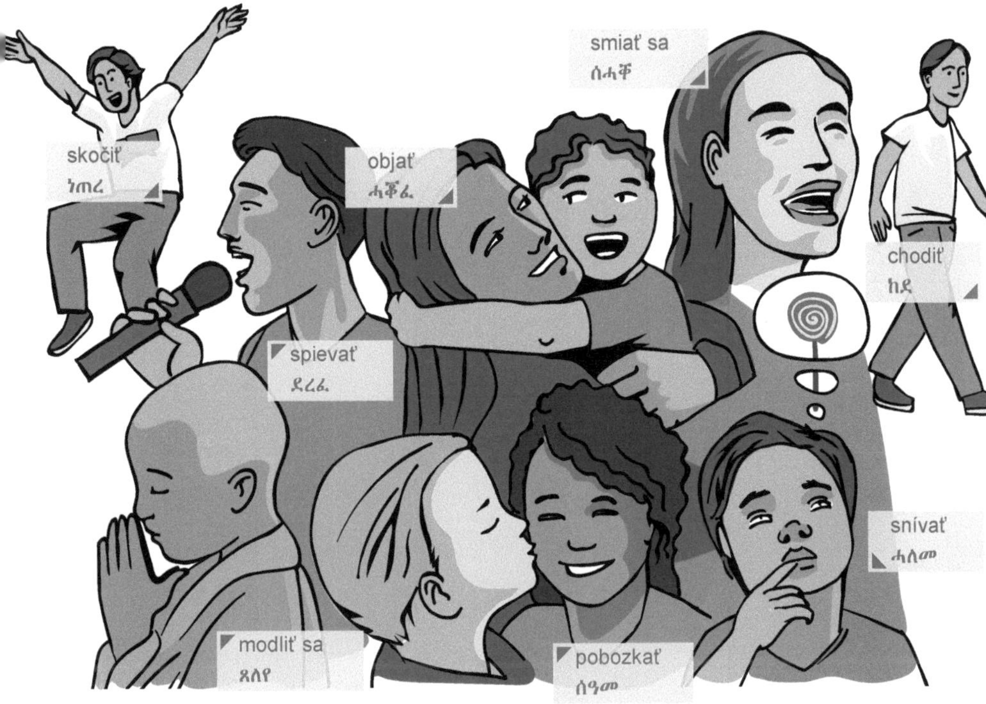

písať

ጸሓፈ

kresliť

ሰኣለ

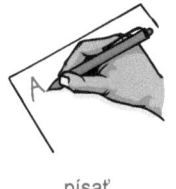

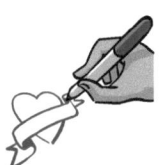

ukázať

ኣርኣየ

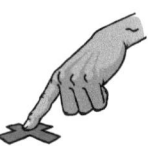

tlačiť

ደፍአ

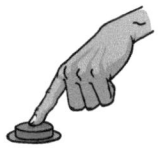

dať

ሃበ

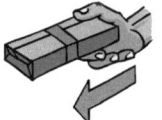

brať

ወሰደ

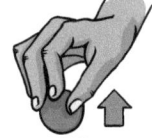

mať

አለው

robiť

ገበረ

byť

ኮነ

stáť

ጠጠው በለ

bežať

ጎየየ

ťahať

ሰሓበ

hádzať

ሰንደወ

padnúť

ወደቐ

ležať

ሓሰወ

čakať

ተጸበየ

nosiť

ሰከም

sedieť

ኮፍ በለ

obliecť sa

ተኸድነ

spať

ደቀሰ

zobudiť sa

ተስአ

pozerať

ረአየ

plakať

በኸየ

hladkať

ብኣጻብዑ ደረዘ

česať

መሽጠ

hovoriť

ተዛረበ

rozumieť

ተረድአ

pýtať sa

ሓተተ

počuť

ሰምዐ

piť

ሰተየ

jesť

በልዐ

uprataď

ኣጽመጠ

milovať

ኣፍቀረ

variť

ከሽነ

jazdiť

ዘወረ

letieť

ነፈረ

plachtiť

ብመርከብ ገየሽ

počítať

ደመረ

čítať

አንበበ

učiť sa

ተመሃረ

pracovať

ሰርሐ

oženiť

መርዓወ

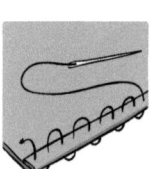

šiť

ሰፈየ

čistiť zuby

ጽሬት አስናን

zabiť

ቀተለ

fajčiť

ሽጋራ ተከኸ

poslať

ሰደደ

rodina

ስድራቤት

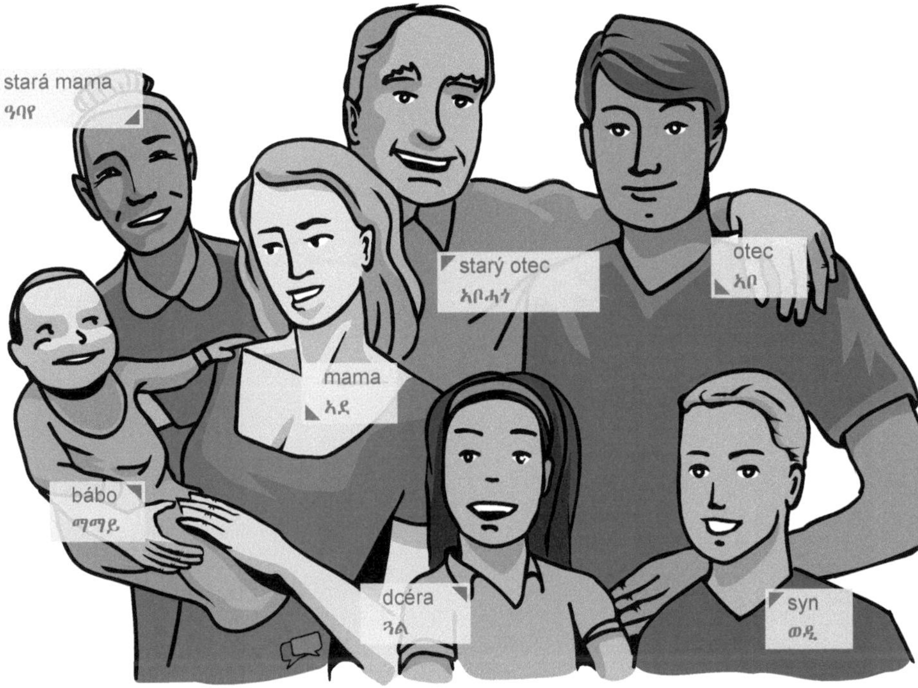

stará mama
ዓባየ
starý otec
ኣቦሓጎ
otec
ኣቦ
mama
ኣደ
bábo
ማማይ
dcéra
ጓል
syn
ወዲ

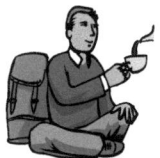

hosť
ጋሻ

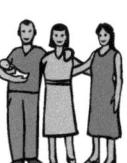

teta
ሓትኖ

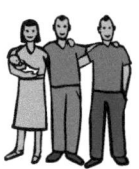

strýko
ኣኮ

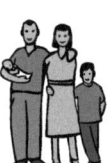

brat
ሓው

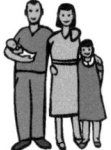

sestra
ሓፍቲ

telo

ኣካላት

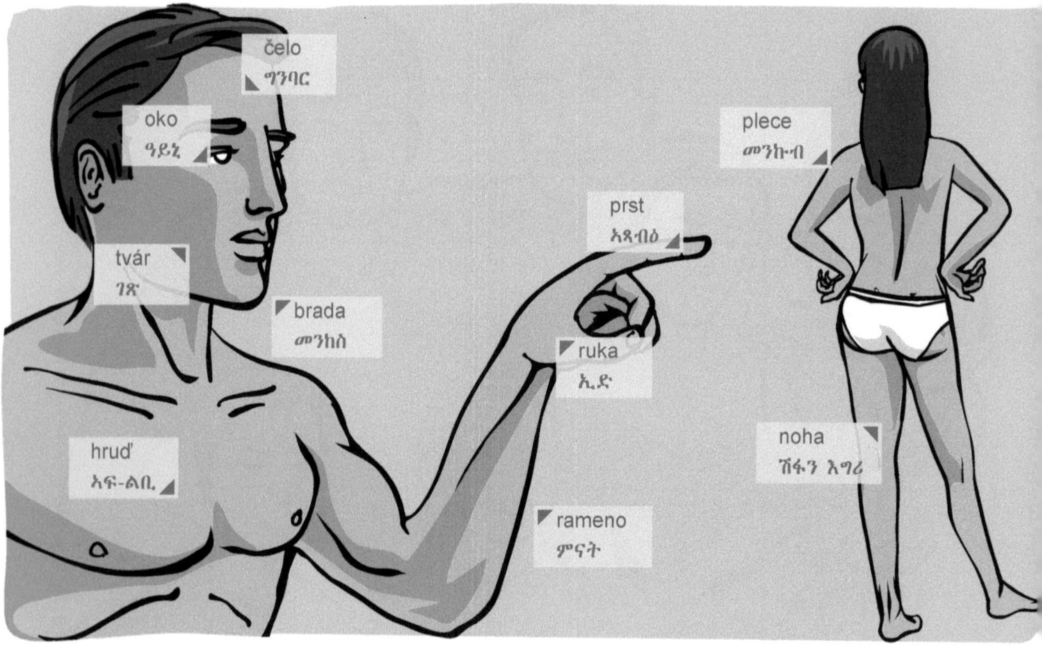

čelo
ግንባር
oko
ዓይኒ
plece
መንኩብ
prst
ኣጻብዕ
tvár
ገጽ
brada
መንከስ
ruka
ኢድ
noha
ሽፋን እግሪ
hruď
ኣፍ-ልቢ
rameno
ምናት

bábo

ማማይ

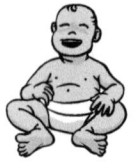

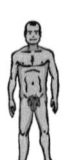

muž

ሰብኣይ

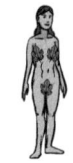

žena

ሰበይቲ

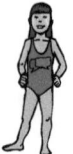

dievča

ጓል

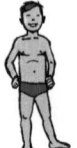

chlapec

ወዲ

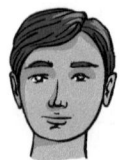

hlava

ርእሲ

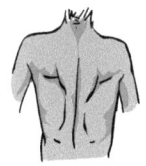

chrbát

ሕቖ

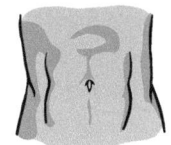

brucho

ከስዐ

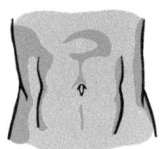

pupok

ሕምብርቲ

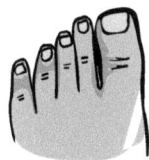

prst na nohe

ኣጻብዕ እግሪ

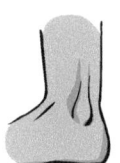

päta

ኩርኹረ

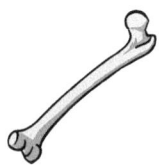

kosť

ዓጽሚ

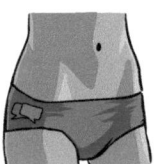

bok

ምሕኮልቲ

koleno

ብርኪ

lakeť

ፌግፌጉ

nos

ኣፍንጫ

zadok

መዓኮር

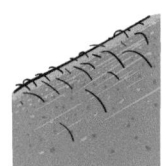

koža

ቆርበት

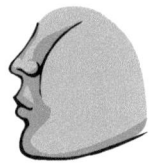

líce

ምዕጉርቲ

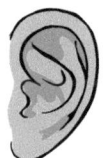

ucho

እዝኒ

pery

ከንፈር

ústa

አፍ

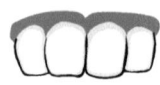

zub

ስኒ

jazyk

መልሓስ

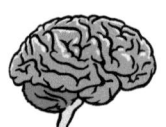

mozog

ሓንጎል

srdce

ልቢ

svaly

ጭዋዳ

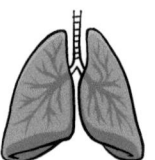

pľúca

ሳንቡእ

pečeň

ጸላም ከብዲ

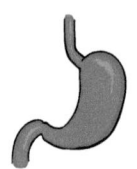

žalúdok

ከብዲ

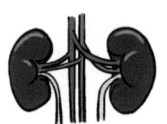

obličky

ኩሊት

pohlavný styk

ግብረ ስጋ

kondóm

ኮንዶም

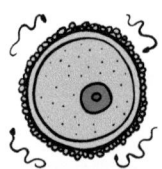

vaječná bunka

እንቋቑሓ

semeno

ዘርኢ ተባዕታይ

tehotenstvo

ጥንሲ

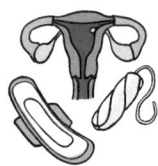

menštruácia

ጽግያት

vagína

ርሕሚ

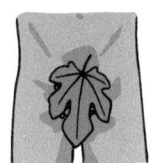

penis

መትሎ

obočie

ሽፋሽፍቲ

vlasy

ጸጉሪ

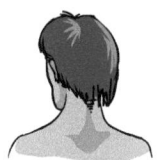

krk

ክሳድ

nemocnica

ሆስፒታል

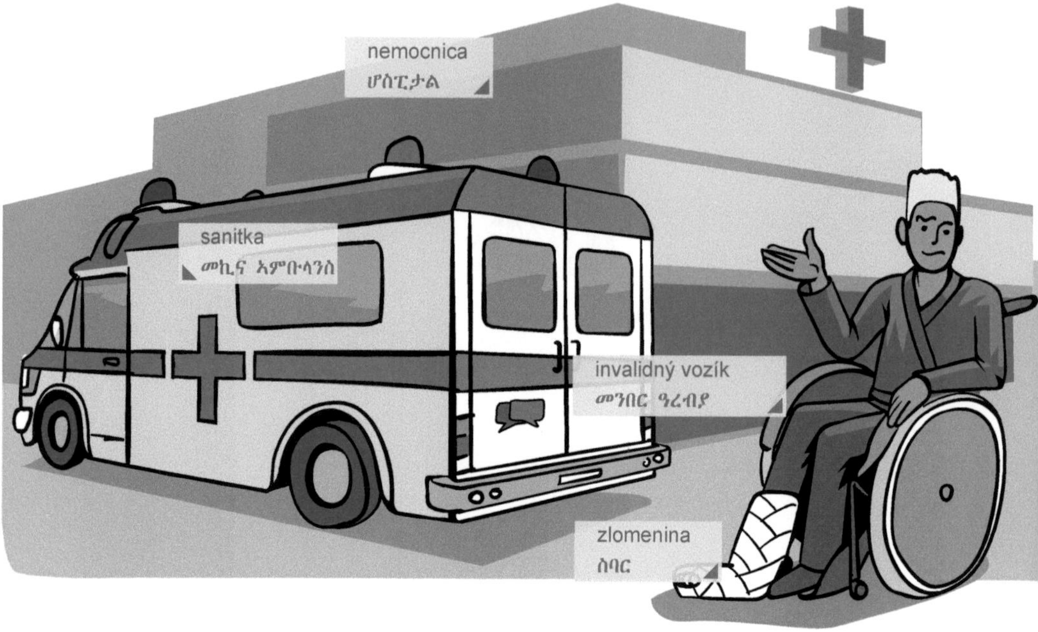

nemocnica
ሆስፒታል
sanitka
መኪና ኣምቡላንስ
invalidný vozík
መንበር ዓረብያ
zlomenina
ስባር

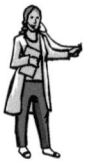

lekár

ሓኪም

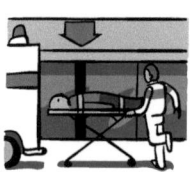

urgentný príjem

ክፍሊ ህጹጽ ረድኤት

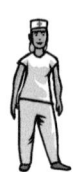

sestrička

ኣላይት

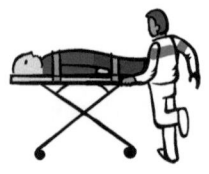

urgentný prípad

ህጹጽ ኩነት

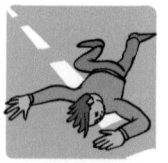

v bezvedomí

ውነኡ ዘጥፍአ

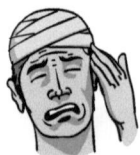

bolesť

ቃንዛ

zranenie

ጉድኣት

krvácanie

ደም

srdcový infarkt

ማህረምቲ

mozgová porážka

ማህረምቲ

alergia

ኣለርጂ

kašeľ

ሰዓል

teplota

ረስኒ

chrípka

ኡንፍልወንዛ

hnačka

ውጽኣት

bolesť hlavy

ቃንዛ ርእሲ

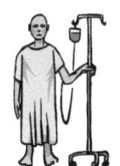

rakovina

መንሽሮ

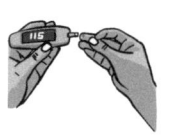

cukrovka

ሹኮርያ

chirurg

ሓኪም መጥባሕቲ

skalpel

መጥብሒ

operácia

መጥባሕቲ

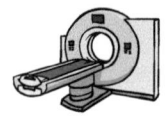

CT

CT

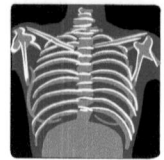

RTG

ራዲ

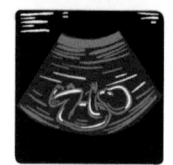

ultrazvuk

ልዕለ ድምጻዊ

maska

መሸፈኒ ገጽ

choroba

ሕማም

čakáreň

ክፍሊ ምጽባይ

barla

ምርኩስ

náplasť

መጅነኒ ቁስሊ

obväz

መጅነኒ

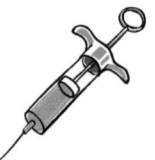

injekcia

መርፍዕ ምውጋእ

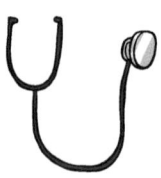

fonendoskop

ስተቶስኮፕ

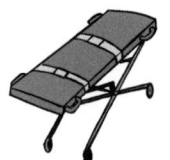

nosidlá

መሰከሚ ሕማም

teplomer

ቴርሞመተር

pôrod

ትውልዲ

nadváha

ልዕለ-ሚዛን

audiofón

ሓገዝ ምስማዕ

dezinfekčný prostriedok

ኣንጻሂ

infekcia

ልበዳ

vírus

ቫይረስ

HIV / AIDS

ኤድስ

medicína

ሕክምና

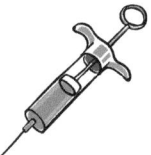

očkovanie

ክታብ

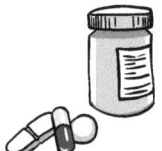

tabletky

ክኒና

antikoncepčná pilulka

ክኒና

tiesňové volanie

ህጹጽ ምድዋል

tlakomer

መዕቀኒ ጸቕጢ ደም

chorý / zdravý

ሕሙም / ጥዑይ

Pomoc!

ሓገዝ

alarm

ኣላርም

prepad

ምህጃም

útok

መጥቃዕቲ

nebezpečenstvo

ድንገት

núdzový východ

ህጹጽ መውጽኢ

Horí!

ሓዊ!

hasičský prístroj

መጥፍኢ ሓዊ

nehoda

ሓደጋ

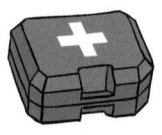

kufrík prvej pomoci

ሳንጣ ቀዳማይ ረድኤት

SOS

SOS

polícia

ፖሊስ

Európa

ኤውሮጳ

Severná Amerika

ሰሜን አሜሪካ

Južná Amerika

ደቡብ አሜሪካ

Afrika

አፍሪቃ

Ázia

ኤስያ

Austrália

አውስትራልያ

Atlantický oceán

አትላንቲክ

Tichý oceán

ፓሲፊክ

Indický oceán

ህንዳዊ ዉቅያኖስ

Južný oceán

አንታርቲካዊ ዉቅያኖስ

Severný ľadový oceán

አርክቲካዊ ዉቅያኖስ

Severný pól

ሰሜናዊ ዋልታ

Južný pól

ደቡባዊ ዋልታ

Antarktída

አንታርቲካ

Zem

ምድሪ

krajina

መሬት

more

ባሕሪ

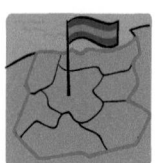

ostrov

ደሴት

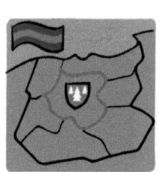

národ

ህዝብ

štát

ዓዲ

ciferník

ገጽ ሰዓት

hodinová ručička

አመልካቲ ሰዓታት

minútová ručička

አመልካቲ ደቓይቕ

sekundová ručička

አመልካቲ ካልኢት

Koľko je hodín?

ሰዓት ክንደይ አሎ?

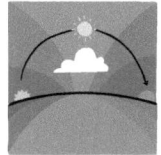

deň

መዓልቲ

čas

ግዜ

teraz

ሕጂ

digitálne hodiny

ዲጂታል ሰዓት

minúta

ደቒቕ

hodina

ሰዓት

týždeň

ሰሙን

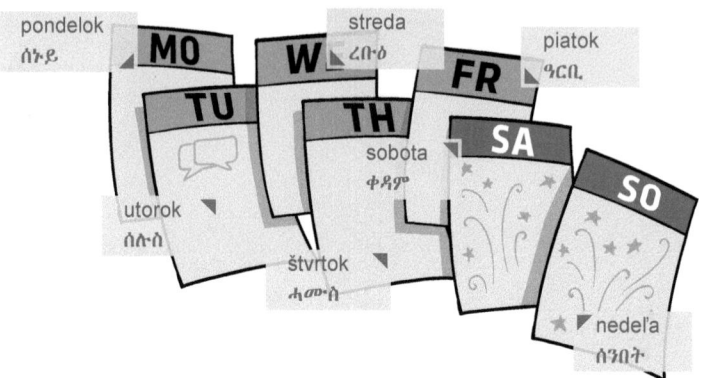

pondelok — ሰኑይ
MO

utorok — ሰሉስ
TU

streda — ረቡዕ
W

štvrtok — ሓሙስ
TH

piatok — ዓርቢ
FR

sobota — ቀዳም
SA

nedeľa — ሰንበት
SO

včera
ትማሊ

dnes
ሎሚ

zajtra
ጽባሕ

ráno
ንጎሆ

poludnie
ቀትሪ

večer
ምሸት

MO	TU	WE	TH	FR	SA	SU
1	2	3	4	5	6	7
8	9	10	11	12	13	14
15	16	17	18	19	20	21
23	23	24	25	26	27	28
29	30	31	1	2	3	4

pracovné dni
መዓልታት ስራሕ

MO	TU	WE	TH	FR	SA	SU
1	2	3	4	5	6	7
8	9	10	11	12	13	14
15	16	17	18	19	20	21
22	23	24	25	26	27	28
29	30	31	1	2	3	4

víkend
መወዳእታ ሰሙን

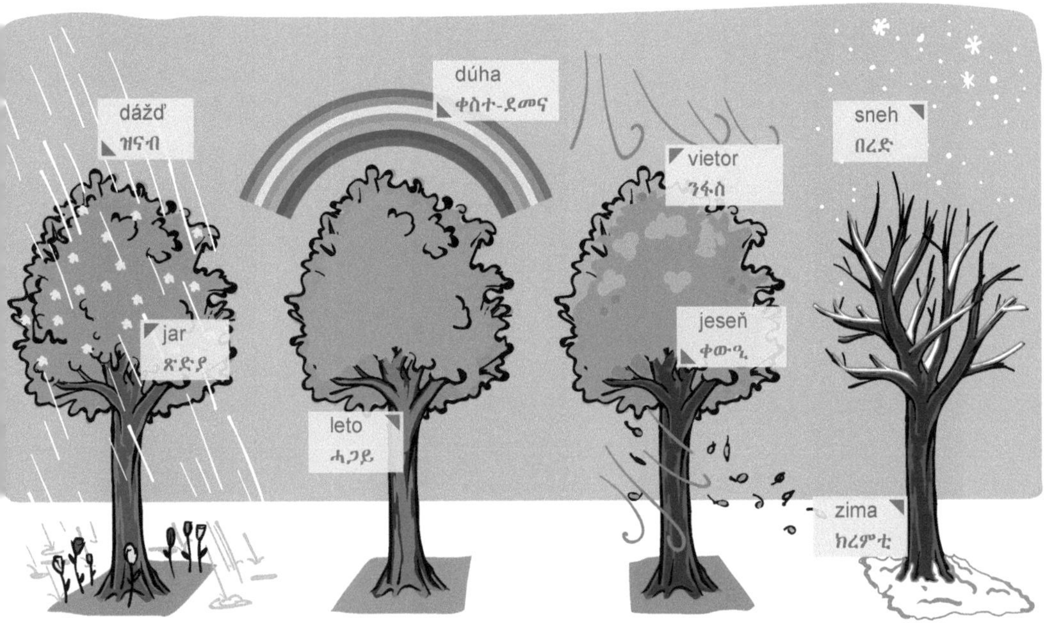

dáždˊ
ዝናብ

dúha
ቀስተ-ደመና

sneh
በረድ

vietor
ንፋስ

jar
ጽድያ

jeseň
ቀውዒ

leto
ሓጋይ

zima
ክረምቲ

4.APRIL	11°
5.APRIL	4°
6.APRIL	13°
7.APRIL	8°
8.APRIL	10°

predpoveď počasia

ትንቢት ኩነታት አየር

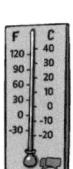

teplomer

ቴርሞመተር

slnečný svit

ብርሃን ጸሓይ

oblak

ደበና

hmla

ግመ

vlhkosť vzduchu

ጠሊ

blesk

ብርቂ

hrom

ነጕዳ

búrka

ህቦብላ

krúpy

በረድ

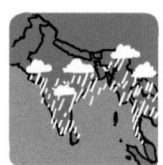

monzún

ብርቱዕ ህቦብላ

záplava

ውሕጅ

ľad

በረድ

janu... január

ጥሪ

február

ለካቲት

marec

መጋቢት

apríl

ሚያዝያ

máj

ጉንቦት

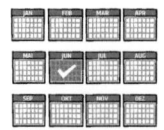

jún

ሰነ

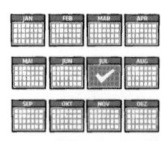

júl

ሓምለ

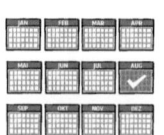

august

ነሓሰ

september
....
መስከረም

oktéber
....
ጥቅምቲ

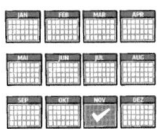

november
....
ሕዳር

december
....
ታሕሳስ

tvary

ቅርጻታት

kruh
....
ዙርያ

štvorec
....
ትርብዒት

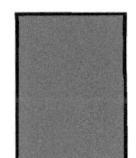

obdĺžnik
....
ቅኑዕ ርቡዕ ኩርናዕ

trojuholník
....
ስሉስ ኩርናዕ

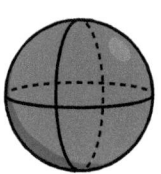

guľa
....
ክቢ

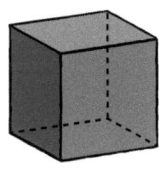

kocka
....
ኩብ

biela

ጸዕዳ

žltá

ብጫ

oranžová

አራንሺ

ružová

ፒንክ

červená

ቀይሕ

fialová

ጁኽ

modrá

ሰማያዊ

zelená

ቀጠልያ

hnedá

ቡናዊ

šedá

ሓሙኽሽታይ

čierna

ጸሊም

veľa / málo

ብዙሕ / ውሑድ

zúrivý / pokojný

ሕሩቕ / ሰላማዊ

pekný / škaredý

ጽቡቕ / ክፉእ

začiatok / koniec

መጀመርያ / መወዳእታ

veľký / malý

ዓቢ / ንእሽቶ

svetlý / tmavý

ብሩህ / ጸልማት

brat / sestra

ሓው / ሓፍት

čistý / špinavý

ጽሩይ / ርሳሕ

úplný / neúplný

ምሉእ / ዘይምሉእ

deň / noc

መዓልቲ / ለይቲ

mŕtvy / živý

ሙዉት / ህልው

široký / úzky

ሰፊሕ / ጸቢብ

chutný / nechutný

ደስ ዘበለ / ደስ ዘይብል

zlostný / láskavý

እኩይ / ህያዋይ

vzrušený / unudený

ርቡጽ / ስልኩይ

tlstý / chudý

ረጊድ / ቀጢን

prvý / posledný

ቀዳማይ / ናይ መወዳእታ

priateľ / nepriateľ

ዓርኪ / ጸላኢ

plný / prázdny

ምሉእ / ባዶ

tvrdý / mäkký

ተሪር / ልስሉስ

ťažký / ľahký

ከቢድ / ፈኲስ

hlad / smäd

ጥምየት / ጽምየት

chorý / zdravý

ሕሙም / ጥዑይ

nelegálny / legálny

ዘይሕጋዊ / ሕጋዊ

inteligentný / hlúpy

መስተውዓሊ / ስዲ

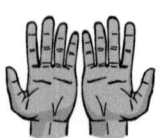

vľavo / vpravo

ጸጋም / የማን

blízko / ďaleko

ቐረባ / ርሑቕ

nový / použitý

ሓዲሽ / ብሉይ

nič / niečo

ዋላ ሓደ / ገለ

starý / mladý

ዓቢ/ኣረጊት / መንእሰይ

zapnuté / vypnuté

ወልዕ / ኣጥፍእ

otvorené / zatvorené

ክፉት / ዕጹው

tichý / hlasný

ህዱእ / ዓው

bohatý / chudobný

ሃብታም / ድኻ

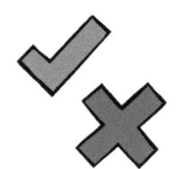

správne / nesprávne

ቅኑዕ / ግጉይ

drsný / hladký

ሓርፋፍ / ልሙጽ

smutný / šťastný

ጉሁይ / ሕጉስ

krátky / dlhý

ሓጺር / ነዊሕ

pomaly / rýchlo

ቀስ / ቅልጡፍ

mokrý / suchý

ጥሉል / ንቑጽ

teplý / studený

ምዉቕ / ዝሑል

vojna / mier

ውግእ / ሰላም

0

nula

ዜሮ

1

jeden

ሓደ

2

dva

ክልተ

3

tri

ሰለስተ

4

štyri

ኣርባዕተ

5

päť

ሓሙሽተ

6

šesť

ሽዱሽተ

7

sedem

ሸውዓተ

8

osem

ሸሞንተ

9

deväť

ትሽዓተ

10

desať

ዓሰርተ

11

jedenásť

ዓሰርተ ሓደ

12

dvanásť

ዓሰርተ ክልተ

13

trinásť

ዓሰርተ ሰለስተ

14

štrnásť

ዓሰርተ ኣርባዕተ

15

pätnásť

ዓሰርተ ሓሙሽተ

16

šestnásť

ዓሰርተ ሽዱሽተ

17

sedemnásť

ዓሰርተ ሸውዓተ

18

osemnásť

ዓሰርተ ሸሞንተ

19

devätnásť

ዓሰርተ ትሽዓተ

20

dvadsať

ዕስራ

100

sto

ሚእቲ

1.000

tisíc

ሽሕ

1.000.000

milión

ሚልዮን

angličtina

እንግሊዝኛ

americká angličtina

አሜሪካዊ እንግሊዛዊ

mandarínska čínština

ቻይናዊ ማንዳሪን

hindčina

ሂንዳዊ

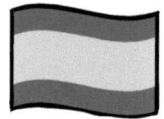

španielčina

እስጳኛዊ

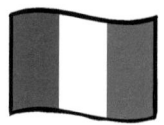

francúzština

ፈረንሳዊ

arabčina

ዓረባዊ

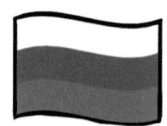

ruština

ሩሲያዊ

portugalčina

ፖርቹጋላዊ

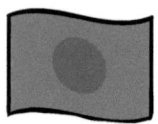

bengálčina

በንጋሊ

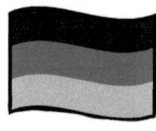

nemčina

ጀርመናዊ

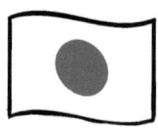

japončina

ጃፓናዊ

ja

አነ

ty

ንስኻ/ኺ

on/ona/ono

ንሱ / ንሳ / ንሱ

my

ንሕና

vy

ንስኻ

oni

ንሳቶም

kto?

መን?

čo?

እንታይ?

ako?

ከመይ?

kde?

አበይ?

kedy?

መዓስ?

meno

ሽም

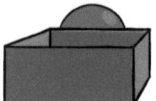

za

ድሕሪ

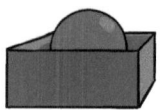

v

አብ

pred

አብ ቅድሚ

nad

አብ ላዕሊ

na

አብ ልዕሊ

pod

ትሕቲ ምድሪ

vedľa

አብ ጥቓ

medzi

አብ መንጎ

miesto

በታ